AF403948

1690.(3).

A 2 SOUS LA FEUILLE.

PROCÈS

DE

ALLIBAUT

DEVANT

LA COUR DES PAIRS.

1re Livraison.

PARIS,

PAGNERRE, EDITEUR,

Rue du Bonloi, 19;

B. DUVERDIN, Libraire, rue Quincampoix, 57 et 59.

Paris. — Imprimerie de d'URTUBIE et WORMS,
rue Saint-Pierre-Montmartre, 17.

PROCÈS

DE

ALLIBAUT

DEVANT LA COUR DES PAIRS.

Paris,

PAGNERRE, EDITEUR,

RUE DU BOULOI, 19, ET BOURDIN, LIBRAIRE, RUE

QUINCAMPOIX, 57 ET 59.

1836.

PROCÈS DE ALLIBAUT.

PREMIERS ACTES DE LA PROCÉDURE.

CHAMBRE DES PAIRS. — *Séance du dimanche 27 juin.*

La séance n'avait été indiquée que pour le lundi 28 juin, mais les pairs s'étant trouvés nombreux aux Tuileries se sont rendus immédiatement au Luxembourg.

A quatre heures la séance est ouverte, quelques instans avant la séance toutes les tribunes sont occupées.

M. Thiers, président du conseil, et tous les ministres sont présens.

M. LE PRÉSIDENT. — La parole est à M. le garde-des-sceaux.

LE GARDE-DES-SCEAUX. — D'après les ordres du roi, j'ai l'honneur d'apporter à la chambre, et de déposer sur le bureau, une ordonnance du roi qui convoque la chambre des pairs en cour de justice.

LE PRÉSIDENT. — Je vais donner lecture à la chambre de l'ordonnance du roi.

ORDONNANCE DU ROI.

« Louis-Philippe, roi des Français.

» A tous présens et à venir, salut.

» Sur le rapport de notre garde-des-sceaux, ministre secrétaire-d'état au département de la justice et des cultes ;

» Vu l'art. 28 de la Charte, qui attribue à la chambre des

pairs la connaissance des crimes de haute-trahison et des attentats à la sûreté de l'état;

» Vu l'art. 86 du code pénal, qui met au nombre des crimes commis contre la sûreté de l'état, l'attentat ou le complot contre la vie du roi;

Attendu que, dans le cours de cette journée, un attentat a été commis contre notre personne;

» Nous avons ordonné et ordonnons ce qui suit :

» Art. 1er. La chambre des pairs, constituée en cour de justice, procédera sans délai au jugement de l'attentat commis ce jourd'hui.

» Art. 2. Elle se conformera, pour l'instruction, aux formes qui ont été suivies par elle jusqu'à ce jour.

» Art. 3. Le sieur Martin (du Nord), membre de la chambre des députés, notre procureur général près la cour royale de Paris, remplira les fonctions de notre procureur-général près la cour des pairs;

» Il sera assisté des sieurs Franck-Carré, notre avocat-général près la cour de cassation, et Plougoulm, notre avocat-général près la cour royale de Paris, qui sont chargés de le remplacer en cas d'absence ou d'empêchement.

» Art. 4. Le garde des archives de la chambre des pairs et son adjoint rempliront les fonctions de greffiers près notre cour des pairs.

» Art. 5. Notre garde-des-sceaux, ministre secrétaire d'état de la justice et des cultes, est chargé de l'exécution de la présente ordonnance.

» A Neuilly, ce 25 juin 1836.

» LOUIS-PHILIPPE.

» Par le roi :

» Le garde des sceaux, ministre de la justice et des cultes..

» P. SAUZET. »

LE PRESIDENT. — La chambre ordonne la transcription sur ses registres de cette ordonnance et le dépôt dans ses archives.

Je propose à la chambre de se constituer sur-le-champ en cour de justice.

COUR DES PAIRS.

Les tribunes sont évacuées et la chambre se constitue aussitôt en cour de justice. MM. Martin (du Nord(, Franck–Carré et Plougoulm, nommés par l'ordonnance royale pour remplir les fonctions du ministère public sont introduits.

M. le procureur-général présente son réquisitoire.

RÉQUISITOIRE :

» A MM. les membres de la chambre des pairs constituée en cour de justice, en vertu de l'article 28 de la Charte constitutionnelle.

» Nous, procureur–général nommé par S. M. près la cour des pairs, constituée par ordonnance en date d'hier, pour procéder au jugement de l'attentat commis le 25 du même mois sur la personne du roi,

» Crime prévu par les art. 86 et 88 du Code pénal,

» Avons l'honneur d'exposer et de requérir ce qui suit :

» Quatre mois se sont à peines écoulés depuis le jour où de grands coupables ont expié le plus horrible des crimes. Il était permis d'espérer que, grâce à cet acte de justice, le fanatisme politique serait enfin désarmé. Il n'en est rien, et ce nouvel attentat vient de prouver qu'il est nécessaire, tant l'abîme est profond, d'opposer encore aux exécrables doctrines du régicide l'énergique répression des lois.

» Hier, leurs majestés venaient de monter en voiture aux Tuileries pour se rendre à Neuilly, lorsqu'un homme, placé dans la foule, introduisant dans la voiture une canne-fusil qu'il appuyait sur la portière, déchargea cette arme meurtrière dirigée sur la personne du Roi. Par un nouveau miracle, Sa Majesté ne fut point atteinte, et cette fois la France n'a à déplorer aucune perte. La bourre s'était engagée dans les cheveux du Roi, et la balle avait pénétré dans un des angles supérieurs de la voiture, où elle a été retrouvée. L'assassin a été immédiatement arrêté. Il était porteur de l'arme dont il venait de se servir, et avait un poignard caché sous ses vêtemens. Il a déclaré se nommer Loui Allibaut, âgé de vingt-cinq ans, né à Nîmes.

« Dans cette grave conjoncture, le gouvernement a déféré à la haute Cour qui, dans des circonstances récentes, a si bien mérité du pays, la connaissance de ces faits, qui intéressent au plus haut degré l'ordre social et la paix publique, et dont la répression est confiée par la Charte à son éminente juridiction. »

« Ce considéré,

« Nous, procureur-général de S. M. près la Cour des pairs,

« Requérons qu'il plaise à la Cour

» Nous donner acte du contenu au présent réquisitoire renfermant plainte contre l'auteur et les complices de l'attentat ci-dessus spécifié, lequel, aux termes de l'art. 28 de la Charte et des art. 86 et 88 du Code pénal, est de la compétence de la Cour des pairs.

» Ordonner que dans un jour ultérieurement fixé, M. le président se commettra lui-même ou désignera tels de MM. les pairs qu'il lui plaira pour procéder à une instruction contre Louis Allibaut, et tous autres qui pourraient être ultérieurement inculpés ;

» Ordonner que les actes d'instruction commencés seront apportés au greffe de la Cour des pairs ;

» Ordonner enfin que la Cour s'assemblera au jour qui sera indiqué par M. le président pour entendre le rapport de la procédure, et faire tous autres actes que la marche de l'instruction rendra nécessaires.

« Fait à Paris, en notre parquet, le 26 juin 1836,

« MARTIN (DU NORD). »

La cour rend un arrêt qui ordonne que l'instruction soit faite sur le champ, en voici le texte :

ARRÊT DE LA COUR DES PAIRS.

La Cour des pairs,

Vu l'ordonnance du roi en date d'hier ;

Vu l'art. 28 de la charte constitutionnelle ;

Ouï le procureur-général du roi en ses dires et réquisitions, et après en avoir délibéré ;

Donne acte audit procureur-général du dépôt par lui fait sur le bureau de la cour d'un réquisitoire renfermant plainte contre l'auteur et les complices de l'attentat contre la personne du roi et celles des princes de la famille royale, commis dans la journée d'hier;

Ordonne que par M. le président de la cour et par tels de MM. les pairs qu'il lui plaira commettre pour l'assister et le remplacer en cas d'empêchement, il sera sur-le-champ procédé à l'instruction du procès, pour ladite instruction faite et rapportée, être par le procureur-général requis et par la cour ordonné ce qu'il appartiendra;

Ordonne que, dans le cours de ladite instruction, les fonctions attribuées à la chambre du conseil par l'art. 128 du code d'instruction criminelle seront remplies par M. le président de la cour, celui de MM. les pairs commis par lui pour faire le rapport, et par

MM. le baron Mounier, le comte Siméon, le duc de Bassano, le vice-amiral comte Jacob, le président Boyer, le président Félix Faure, le baron de Fréville, Tripier, le baron Zangiacomi, le maréchal comte Gérard, Barthe, de Ricard,

Que la cour commet à cet effet, lesquels se conformeront d'ailleurs, pour le mode de procéder, aux dispositions du code d'instruction criminelle, et ne pourront délibérer s'ils ne sont au nombre de sept au moins.

Ordonne que les pièces à conviction, ainsi que les procédures et actes d'instruction déjà faits seront apportés sans délai au greffe de la cour.

Ordonne pareillement que les citations ou autres actes du ministère d'huissier seront faits par les huissiers de la chambre.

Ordonne que le présent arrêt sera exécuté à la diligence du procureur-général du roi.

Fait et délibéré le dimanche 26 juin 1836, en la chambre du conseil, ou siégeaient,

(suivent les noms du président et de 121 pairs.)

Les quatre membres de la cour que s'est adjoint le président, sont MM.

Duc Decazes, grand référendaire.

Portalis, premier président de la Cour de cassation.

Bastard de l'Étang, président à la même cour.

Girod (de l'Ain), président du conseil d'état.

DÉTAILS SUR LES CIRCONSTANCES DE L'ATTENTAT ET SUR SON AUTEUR.

Le rapport de la commission d'instruction à la cour des pairs, contenant un récit complet de toutes les circonstances du crime et des renseignemens authentiques sur la vie de son auteur, nous croyons ne devoir reproduire ici que quelques-unes de nombreuses versions publiées par les journaux.

« Aujourd'hui, à 6 heures, un assassin armé d'un fusil-canne, et placé près du guichet des Tuileries qui donne sur le Pont-Royal, a tiré presque à bout portant sur le roi, au moment où S. M. sortait en voiture, avec la reine et Mme Adélaïde pour retourner à Neuilly.

« La Providence a de nouveau préservé les jours de S. M.

« Personne n'a été atteint.... Le roi a mis aussitôt la tête à la portière et a rassuré lui-même la foule qui se pressait autour de la voiture.

» L'assassin a été immédiatement arrêté ; il a cherché à se donner un coup de poignard ; mais on l'a désarmé.

» Dans un premier mouvement d'indignation , les gardes nationaux du poste voulaient en faire justice ; mais ils l'ont bientôt remis eux-mêmes entre les mains de l'autorité.

» M. le préfet de police est accouru aussitôt ; il a fait subir à l'assassin un premier interrogatoire.

» Le roi est rentré à Neuilly à 6 heures et demie.

» On a retrouvé la balle dans le coffre de la voiture. »

« Il est très vrai qu'au moment où partit le coup de feu qui était dirigé sur le roi presqu'à bout portant, S. M. baissait la tête vers la portière de gauche pour saluer le poste de garde nationale qui présentait les armes. La balle, partie de bas en haut, est entrée par cette portière, a percé le panneau de la voiture à la hauteur de la tête de S. M. Le trou qu'elle a fait dans le galon circulaire qui décore le haut de la voiture à l'intérieur, atteste que le coup n'était que trop bien dirigé ; enfin une partie de la bourre est restée dans les cheveux du roi,

» La voiture était escortée, suivant l'usage, par un piquet de garde nationale à cheval et par un piquet de hussards. Les deux officiers se tiennent ordinairement aux portières, et leur présence aurait suffi sans doute pour prévenir ou détourner le coup ; mais par une circonstance qu'avait trop bien calculé l'assassin, au moment qu'il a choisi pour commettre son crime, aucun des officiers de service ne pouvaient être à la portière, le guichet par lequel se dirigeait la voiture étant trop étroit pour qu'un cavalier pût y passer en même temps.

» L'assassin a été interrogé plusieurs fois par M. le procureur-général et par le juge d'instruction. Il ne cherche pas à nier son crime ; répète, pour toute défense, quelques-uns des lieux communs qui traînent depuis cinq ans dans tous les pamphlets anarchiques, prétend avoir usé du droit dont usa Brutus contre César, et exprime le regret de n'avoir pas pu se suicider. Hier il avait répondu avec beaucoup d'assurance, mais aujourd'hui il est déjà fort abattu.

» Il a été parfaitement reconnu par plusieurs personnes ; son nom est Louis Allibaut ; on l'appelait Louiset dans son enfance. Il est âgé de 25 ans et né à Nîmes ; ses parens, qu'on dit fort honnêtes, tiennent une petite auberge à Perpignan ; quoique très pauvres, ils ont fait tous les sacrifices imaginables pour donner eu moins quelque éducation à leur fils ; il ne les en a récompensés que par ses désordres. Il a servi quelque temps dans un régiment de ligne (15e léger), où il avait obtenu le grade de fourrier. Il a été réformé par suite d'une blessure reçue en duel. Il a fait depuis toutes sortes de métiers : commissionnaire en soieries. garçon marchand de vins ; puis il s'est présenté comme commis-voyageur chez l'armurier Devismes , chez qui il est parvenu à se procurer trois fusils-canne comme échantillon.

(Journal de Paris , feuille ministérielle)

« Allibaut a une figure belle et distinguée, un regard expressif; il porte de longs cheveux noirs et des favoris qui se rejoignent en collier sous son menton; il est pâle; il a un accent méridional très-prononcé. On a trouvé sur lui une chemise d'une hideuse saleté ; cependant l'extérieur de sa tenue n'avait rien de repoussant; par-dessus cette chemise, il avait une chemisette assez propre; il n'avait pas de chaussettes et portait des gants.

» L'instruction a été commencée aujourd'hui par M. Zangiacomi et par M. Cauchy, archiviste de la chambre des pairs. On a confronté Allibaut avec ceux qui ont concouru à son arrestation au moment de l'attentat. Son assurance ne s'est pas démentie un seul instant dans sa prison; et cette assurance fait frémir. Louis Allibaut a signé sans trembler, dans le procès-verbal de son interrogatoire, l'expression des affreux regrets qu'il a manifestés; et il a prouvé plusieurs fois qu'il avait étudié les règles de la procédure; il s'est montré formaliste, et a minutieusement discuté avec messieurs les magistrats instructeurs la rédaction du procès-verbal qu'il devait signer. Il n'a pas cherché plus qu'hier à nier son crime.

» Une partie de la nuit a été employée à verbaliser sur la voiture, qu'on peut appeler le théâtre du crime, et à recueillir les témoignages des personnes qui étaient présentes au moment de l'attentat. Le panneau supérieur de la voiture dans lequel la balle était restée a été démonté pour servir de pièce de conviction.

» Voici, d'après un homme de l'art expert en arquebuserie, la description exacte de l'arme dont Allibaut s'est servi :

» Ce n'est point une canne à vent, c'est un canon de fusil placé dans une canne ordinaire. La percussion est reçue par une cheminée placée sur la culasse de l'arme; elle est transmise par un ressort à boudin qui est mis au bandé en tirant le cordon de la canne. La détente est cachée dans le bois et saillit par la pression du doigt. »

(Journal des Débats.)

Une demi-heure avant la sortie du roi, Alibeau s'était approché d'un chasseur de la 2ᵉ légion, compagnie Chaper, et il s'était mis à causer avec lui de choses indifférentes, en disant qu'il attendait quelqu'un à qui il avait donné rendez-vous, et qu'il était impatient de voir paraître. Il jetait de temps en temps les yéux du côté du guichet qui conduit au Pont-Royal, et quelquefois, comme par hasard, sur la grande porte de sortie du château, avec l'apparance d'une grande tranquillité.

Aussitôt que le poste a été appelé aux armes pour rendre les honneurs au roi qui allait monter en voiture, Allibaut est allé se poser au tournant du guichet, près de la borne doublée de fer qui touche au poste du drapeau. Quelques curieux étaient sur la même ligne, en très-petit nombre. Quand la voiture, qui était obligée de ralentir le pas, a passé sous la voûte du guichet, on a vu un jeune homme poser son chapeau sur la borne à gauche. Ce mouvement a attiré l'attention du sergent qui commandait le poste, en l'absence des officiers qui étaient tous à dîner aux Tuileries., à la table de service; ce sergent de la 2ᵉ légion, était M. Devisme, armurier. Il s'est apperçu que l'individu qui venait de déposer son chapeau plaçait une canne entre ses genoux et qu'il en tirait vivemenr le ressort de bas en haut. A l'instant, ce sergent s'est précipité vers l'assassin, mais il est arrivé trop tard, le coup partait. Le roi venait de se pencher vers la portière, pour saluer les gardes nationaux sous les armes, et on l'a vu se rejeter en arrière. La reine a voulu savoir la cause de ce mouvement, elle s'est avancée du côté de la portière, et c'est elle qui a failli recevoir le coup, qui, du reste, a été tiré presque à bout portant. La détonation ressemblait à celle que ferait un petit pistolet de poche. Le roi s'est montré de nouveau à la portière, il a fait signe de la main qu'il n'était point blessé. Les chevaux ont continué leur chemin au grand trot.

Les soldats de la ligne et les gardes nationaux ont quitté leurs armes, sans aucune réflexion, et ils sont accourus vers l'assassin, que le sergent Devisme et un bourgeois en chapeau gris tenaient par les deux bras; un garde-surveillant nommé Dupont l'avait saisi par les cheveux. On l'a conduit au poste du drapeau. Il ne faisait aucune résistance; il gardait, au milieu de

l'agitation générale, une impassibilité extraordinaire. On l'a
fouillé sur-le-champ : on a trouvé sous sa redingote, sur le
côté droit, un couteau-poignard dont il devait se servir, a-t-il
dit, pour se frapper. Le garde-surveillant, dans un transport
de colère, lui a arraché une poignée de cheveux. L'assassin lui
a dit : « Voilà qui est du courage; vous êtes un brave. — Et
» vous un horrible lâche, lui a riposté le même garde, en
» voulant le frapper encore. — Ce que je viens de faire, est-ce
l'action d'un lâche? » lui a répliqué l'assassin, en souriant avec
une froideur ironique.

M. Devisme l'a reconnu à l'instant même. Malheureux ! lui a-
t-il dit, c'était donc pour cet abominable dessein que vous avez
voulu m'acheter l'arme dont vous vous êtes servi, et que vous
m'avez volé? C'est une bien grande infamie pour un homme de
votre âge. — « Avisez-vous de ce qui vous regarde, lui a dit
» l'assassin; je me soucie fort peu de votre morale, parlons
» d'autre chose ; tenez, comment se porte madame votre
» épouse ? » — Vous êtes un monstre, lui a dit le sergent. L'assassin a haussé les épaules et n'a plus rien dit. C'est un jeune
homme d'une taille élevée, mince de corps, le teint basané,
les traits assez réguliers, mais fortement articulés à la manière
méridionale; il était assez bien mis extérieurement. On a trouvé
deux pipes de terre blanche dans une de ses poches, et 24 sous
dans une autre.

Il y avait près de six mois qu'il s'était procuré la canne-fusil
chez M. Dévisme. Il s'était présenté sous le titre de commis-
voyageur dans les eaux-de-vie et les vins, chez cet armurier.
Il lui avait proposé d'emporter en province quelques échantillons de ses cannes-fusils, pour une grande maison de commerce. La manière aisée avec laquelle il s'était présenté, son
élocution facile, les instances et les bonnes raisons qu'il donnait
avaient fini par obtenir la confiance de M. Devisme qui lui livra,
pour en faire l'essai, une douzaine de ces fusils. Au bout d'un
mois, M. Devisme n'entendant plus parler de rien, avait été
forcé de se présenter chez lui pour reprendre ses armes. Le lendemain, il les lui renvoya toutes hors une, avec une lettre fort
bien écrite qui est entre les mains de M. de Montalivet. Il pré-

tendit que l'arme qui manquait lui avait été volée, et promettait d'en payer le prix quand il en aurait le moyen. C'était cette même arme dont il s'est servi, et que M. Devisme a parfaitement reconnue.

Le garde national, avec qui l'assassin avait causé une demi-heure avant la sortie du roi, est venu le voir. Comment! c'est vous avec qui je me suis entretenu tout-à-l'heure, qui avez commis ce crime affreux? vous qui étiez si calme en me parlant. Quelle horrible dissimulation! — « N'est-ce pas, a répondu » l'assassin d'un air de triomphe, q'·ᵤ j'étais fort calme, et » pas du tout ému, M. le chasseur. Il y a long-temps que j'étais » décidé. » En ce moment un militaire lui a porté quelques coups, le chasseur a voulu arrêter cet emportement inutile. Le prisonnier lui a dit: « Vous, vous êtes un brave, on ne me » comprendra pas; on ne croit pas au dévoûment des convic-» tions profondes dans ce siècle d'égoïsme et de vénalité. »

« Les autorités supérieures de la capitale sont arrivées à la hâte: MM. le maréchal de Lobau, le comte de Rambuteau, Gisquet, de Castres, gouverneur des Tuileries; Athalin, aide-de-camp du roi; le général Gourgaud. Allibaut gardai: toujours la même impassibilité. M. Athalin a insisté pour qu'il donnât son nom, et pour qu'il témoignât quelque repentir de son horrible attentat.... Il a vivement répliqué « qu'il n'avait qu'un » repentir, c'était d'avoir manqué son coup; qu'il avait des » convictions profondes que personne ne pouvait juger; qu'il » recommencerait encore son coup s'il le pouvait, qu'il avait » joué sa vie contre celle du roi; et qu'au lieu des brutalités » dont il était l'objet (et que, du reste, il comprenait dans les » serviteurs du roi), on aurait mieux fait de lui rendre le ser-» vice de le tuer; qu'il n'avait pas eu le temps, à son grand » regret, de se servir de son poignard contre lui-même. Il ajou-» tait qu'il croyait qu'on avait un peu détourné le canon de sa » canne; que, sans cela, il était assez de sang froid pour avoir » bien visé et bien assuré son coup. » Ces paroles, froidement articulées, ont jeté l'épouvante dans tous ceux qui les enten-daient; on ne pouvait croire à une si aveugle détermination de fanatisme. Il répétait toujours : « Vous voyez que je ne tremble pas, et je ne suis pas ému. »

« Lorsqu'on lui demandait son nom, il répondait : « Qu'est-» il besoin de le savoir, puisque vous savez mon crime. » — Avez-vous des complices? Il est impossible que vous n'en ayez pas, disait M. Athalin. — « Le chef de cette conspiration, c'est » ma tête, et les membres, ce sont mes bras. »

« Lorsqu'il est monté en fiacre pour être conduit à la cellule où avait été déposé Fieschi, il s'est retourné du côté où il avait tiré, il a haussé les épaules et s'est rejeté dans le fond du fiacre. »

(Journal du Commerce.)

« Allibaut a cinq pieds cinq pouces. Il est brun; sa figure, dont les traits sont exۡressifs, offre un caractère remarquable de beauté ; ses yeux sont noirs et vifs; son nez est aquilin ; un collier de barbe noire et touffue lui encadre le visage, et en fait ressortir la pâleur habituelle. Au moment de l'attentat, Allibaut était ainsi vêtu : redingote brun foncé, hermétiquement boutonnée jusqu'au menton; cravate de soie noire, sans col de chemise; sous sa redingote, un gilet de soie à bouquets de fleurs; un pantalon de drap rayé noir et vert; plus, une paire de souliers-bottes; le tout était fort propre extérieurement. Quand, à la Conciergerie, où l'avait transporté une Citadine escortée d'un fort piquet de cuirassiers, on le déshabilla pour fouiller ses vêtemens, on s'aperçut qu'il ne portait pas de bas, et que sa chemise, d'une extrême saleté, contrastait d'une manière sensible avec la recherche de ses vêtemens. Du reste, il n'avait sur lui que la modique somme de vingt-deux sous, qu'il déclara provenir de la vente d'un livre par lui faite dans la journée, et qu'on lui avait acheté trente sous. »

(Constitutionnel.)

Il y a deux mois environ il était garçon chez un marchand

de vins en gros, M. Batisa, rue Saint-Sauveur, n. 12; il y était entré le 27 février et en était sorti le 24 mai. On a fait une descente chez ce dernier et l'on y a retrouvé, dit-on, des factures semblables à la bourre restée dans la voiture du roi. Il paraît, d'après quelques déclarations, qu'Allibaut avait eu l'intention, le mois dernier, de s'asphyxier; mais que n'ayant pas d'argent pour acheter du charbon, il avait renoncé à son projet. »

(*Courrier Français.*)

Quand Allibaut a été introduit dans la chambre qu'il occupe à la conciergerie, il s'est amusé à lire plusieurs inscriptions que Fieschi, pendant sa détention, avait gravées sur les murs, et que l'on y avait laissé subsister à cause de leur sens moral. Allibaut s'est pris à sourire, et a dit : Comme cet homme-là était devenu bête! Cependant lui et moi, nous passerons à la postérité; mais vous verrez que je me conduirai autrement que lui, car c'était un grand bavard, et il s'imaginait faire beaucoup d'effet avec ses paroles ampoulées et avec ses simagrées.

Allibaut, tout en déclarant à M. et Mme Mercier, ses compatriotes, qu'il n'avait pas de complices. et qu'il n'aurait osé confier son projet à personne, à cause de l'égoïsme du siècle, a ajouté qu'il y avait au moins vingt mille individus en France aussi décidés que lui. (*Messager.*)

Allibaut est à la conciergerie, où il habite, comme on l'a dit, le cachot occupé par Fieschi; il y est l'objet d'une surveillance toute particulière. Quatre sergens de ville et quatre gardiens n'ayant aucune relation, ni avec les personnes du dehors, ni avec celles de l'intérieur même de la prison, veillent nuit et jour sur sa personne, de telle sorte qu'il y a toujours près de lui deux sergens de ville et deux gardiens, lesquels sont remplacés par les quatre autres quand leur faction est terminée. Au surplus, aussitôt que ce mode de surveillance a été organisé, on a ôté la camisole de force au prévenu, qui peut maintenant se promener en long et en large dans sa prison.

M. le président Pasquier ayant reproché à Allibaut son crime et sa lâcheté, il a répondu : « M. le président, voyez-vous, vous dites cela, mais vous avez tort, vous n'êtes pas en état de me juger ; si c'était vous qui eussiez commis l'attentat, vous auriez eu tort, parce que vous avez tout ce qu'il vous faut : vous êtes bien nourri, bien chauffé, magnifiquement logé ; vous avez un bel hôtel, bonne chère, un bel équipage, et vous n'auriez eu qu'à perdre en faisant ce que j'ai fait ; mais qu'avais-je à perdre ? J'ai commis une action généreuse pour ma patrie, et je n'accorde à personne qui n'a ou n'eût pas osé ce que j'ai osé faire, de me taxer de lâcheté. »

Comme l'instruction est menée aussi rapidement que possible, et que l'on presse les questions, Allibaut s'est, dit-on écrié : « Halte là, la justice veut avoir son temps. Je ne signerai qu'autant qu'on aura textuellement reproduit ce que j'ai dit, car tout doit être imprimé, et le public doit me juger. »

Alibaut a dit à M. le président de la chambre des pairs : « Je m'occupe déjà de vous depuis deux mois ; car je présumais d'avance que je tomberais entre vos mains dans le cas où je ne pourrais me suicider aussitôt après l'événement. Ce projet de suicide n'était pas au reste bien arrêté dans mon esprit, même quand j'en aurais eu le temps ; j'en subordonnais l'exécution aux chances de l'événement. »

Dans un autre interrogatoire, revenu sur cette idée, l'Alibaut a dit qu'il ne s'était muni d'un poignard que pour rester maître de se suicider, s'il le jugeait convenable. Il a alors établi un parallèle nouveau entre Fieschi et lui, et a prétendu avoir montré plus de courage que son devancier : « Fieschi (a-t-il ajouté) avait tout pré_iaré pour son évasion : moi, je suis resté ferme au poste que je m'étais assigné. »

Alibeau ne veut pas d'ambages dans ses interrogatoires; quand on lui fait des questions détournées, il dit: « Pas de mystères; allons droit au fait. »

Hier, quand M. le président Pasquier l'a quitté à quatre heures, Allibaut lui a dit : « J'espère que vous ne reviendrez pas de la journée, et que je ne vous verrai pas avant demain midi. J'en ai assez pour aujourd'hui. J'ai besoin de me reposer. »

Alilbaut a constamment deux gardiens dans sa chambre. Il dit souvent : « J'aurais la clé des champs, que je reviendrais toujours me constituer prisonnier au moment du procès. »

Il a mangé beaucoup dans les premiers momens de sa captivité; mais sa voracité diminue beaucoup à présent.

L'ami chez lequel Allibaut a demeuré à Paris, rue Bourbon-Villeneuve, appelé Ferey, vient d'être arrêté à Bordeaux. La police a trouvé dans son domicile de la rue Bourbon-Villeneuve des lettres à lui, écrites par Allibeau.

AUDIENCE A HUIS CLOS DU 2 JUILLET.

Cent-trente-huit membres, dont la présence a été constatée par l'appel nominal, se sont réunis à midi et demi en chambre du conseil.

M. le comte de Bastard a fait, au nom de la commission d'instruction, un rapport sur la procédure dont MM. les commissaires de la Cour ont été chargés par son arrêt du 26 juin. (Voir plus loin ce rapport.)

M. Martin (du Nord), procureur général, assisté de MM. Franck-Carré et Plougoulm, avocats-généraux, a donné ses

conclusions,tendant à la mise en accusation de Louis Allibaut,
pour attentat contre la vie du Roi, commis en tirant presque
à bout portant, le 25 juin, un coup de fusil-canne dans la
voiture où S. M. se trouvait avec la Reine et S. A. R. Mme
Adélaïde.

MM. Les membres du parquet s'étant retirés, lecture a été
donnée de toutes les pièces, par MM. de Cauchy, greffier en
chef, et Léon de la Chauvinière, greffier-adjoint.

La Cour, après en avoir délibéré, a rendu l'arrêt suivant :

ARRET.

Ouï, dans la séance de ce jour, M. le comte de Bastard, en
son rapport de l'instruction ordonnée par l'arrêt du 26 juin
dernier ;

Ouï dans la même séance le procureur-général du Roi dans
ses dires et réquisitions, lesquelles réquisitions, par lui déposées sur le bureau de la Cour, et signées de lui, sont ainsi
conçues :

« Nous procureur général du Roi, près la Cour des pairs,

» Vu les pièces de la procédure instruite contre le nommé
» Louis Allibaut né à Nîmes, âgé de 26 ans, sans profession,
» demeurant en dernier lieu rue des Marais, 3, à Paris ;

» Attendu que des pièces de l'instruction résultent contre
» ledit inculpé charges suffisantes de s'être rendu coupable
» d'un attentat contre la vie du Roi, crime prévu par les ar-
» ticles 86 et 88 du Code pénal ;

» Vu l'article 28 de la Charte constitutionnelle, ensemble
» l'ordonnance royale du 25 juin 1836 ;

« Attendu que le crime ci-dessus qualifié rentre directement
» dans la compétence de la Cour des pairs ;

» Attendu d'ailleurs qu'il présente le caractère de gravité
» qui doit déterminer la Cour à s'en réserver la connaissance,

» Requérons qu'il lui plaise se déclarer compétente, dé-
« cerner ordonnance de prise de corps contre le nommé Louis

» Allibaut, ordonner sa mise en accusation, et le renvoyer
» devant la Cour pour y être jugé conformément à la loi.
» Fait au parquet de la Cour des pairs, le 2 juillet 1836.

» Signé N. MARTIN (du Nord). »

Après qu'il a été donné lecture, par le greffier en chef et son
adjoint, des pièces de la procédure ;

Et après en avoir délibéré hors la présence du procureur-
général ;

En ce qui touche la question de compétence :

Attendu que l'attentat contre la vie ou la personne du roi
est rangé par le code pénal dans la classe des attentats contre
la sûreté de l'état, et se trouve dès-lors compris dans la disposition de l'article 28 de la charte constitutionnel'e ;

Attendu que ce crime présente au plus haut degré le caractère de gravité qui doit déterminer la cour à s'en réserver la
connaissance ;

Au fond :

Attendu que de l'instruction résultent charges suffisantes
contre Louis Allibaut de s'être, le 25 juin 1836, rendu coupable d'attentat contre la vie du roi ;

Crime prévu par les articles 86 et 88 du code pénal ;

La cour se déclare compétente ;

Ordonne la mise en accusation de Louis Allibaut ;

Ordonne, en conséquence, que ledit Allibaut (Louis), âgé
de 26 ans, commis, né à Nîmes (Gard), demeurant à Paris,
rue des Marais-St-Germain, n. 3, taille de 1 mètre 72 cen-
timètres, cheveux noirs, crépus, un peu longs ; front bas et
rond, sourcils noirs très marqués, yeux bleus, nez gros,
bouche un peu grande, menton fourchu, barbe brune, gros
favoris sous le menton, visage maigre et allongé, teint brun ;

Sera pris au corps et conduit dans telle maison d'arrêt que
le président de la cour désignera pour servir de maison de
justice près d'elle ;

Ordonne que le présent arrêt, ainsi que l'acte d'accusation dressé en conséquence, sera, à la diligence du procureur-général du roi, notifié audit accusé ;

Ordonne que les débats s'ouvriront au jour qui sera ultérieurement indiqué par le président de la cour et dont il sera donné connaissance au moins trois jours à l'avance audit accusé.

Ordonne que le présent arrêt sera exécuté à la diligence du procureur-général du roi.

Fait et délibéré au palais de la cour des pairs, à Paris, le deux juillet mil huit cent trente-six ; en la chambre du conseil.

L'arrêt a été prononcé à quatre heures un quart. La signature a duré près d'une demi-heure.

ACTE D'ACCUSATION.

Le dimanche 3 juillet à neuf heures, M. Sajou, huissier de la Cour des pairs, s'est transporté à la Conciergerie, et a notifié à Louis Allibaut l'acte d'accusation dont voici le texte

« Le procureur-général près la Cour des pairs expose que par arrêt, en date du 2 juillet 1836, la Cour a ordonné la mise en accusation du nommé Louis Allibaut, né le 4 mai 1810, à Nîmes, commis-voyageur, demeurant à Paris, rue des Marais, 3.

» Déclare, le procureur-général, que des pièces du procès et de l'instruction résultent les faits suivans :

» L'éminente sagesse qui sut, en dépit des factions, conserver à la révolution la plus glorieuse et la plus légitime sa pureté primitive, et assurer à la France la paix et la liberté, appelait naturellement sur la personne sacrée du Roi la fureur ou plutôt la rage des factions vaincues et des séides qu'elles enfantent souvent à leur insu. Après avoir long-temps essayé de compromettre directement et à visage découvert le repos et la prospérité du pays, elles descendirent, de défaite en défaite, jusqu'à comprendre l'odieuse et lâche pensée d'un assassinat. On exhuma de l'oubli des pages encore couvertes du sang qu'elles firent verser, il y a plus de 40 ans, des écrits où l'infâme doctrine du régicide est ouvertement professée. On commenta de mille manières ces vieilles et détestables idées; on couvrit la France de pamphlets incendiaires spécialement dirigés contre la personne du Roi; la conséquence de ces manœuvres impies pouvait être la tentative du crime qu'elles avaient pour but de préparer : il y a en effet dans les doctrines les plus funestes une certaine contagion qui s'attache aux cœurs dépravés, aux esprits malades et qui les pousse au fanatisme. Une législation forte a sans doute arrêté l'effroyable invasion de ce mal; elle a désormais placé entre ces doctrines et nous une insurmontable barrière. Il n'est plus permis, il ne le sera plus de livrer à la haine et au mépris celui qui aurait droit à nos respects et à notre admiration, alors même que la constitution du pays n'aurait point proclamé son inviolabilité; mais les institutions humaines n'ont d'influence certaine que sur l'avenir, et il ne leur est pas toujours donner de rétro-agir sur le passé. Il pouvait donc se rencontrer une de ces organisations à part, qui, par une sorte d'anomalie, réunît en elle toutes les conditions nécessaires pour un crime dont la cause est aujourd'hui détruite; des idées démagogiques avec des inclinations basses et perverses, la misère et le désœuvrement; la cupidité et la paresse, l'ignorance et la vanité, le désir immodéré de parvenir avec l'inhabileté à tout, et au fond de tout cela, par une sorte de réparation impie, un dégoût profond de la vie. Il faut donc le dire, parce que la force des choses et la vérité nous y contraignent, l'attentat du 25 juin est une conséquence nécessairement isolée, c'est plutôt un effet qu'un fait actuel; il n'est pas de son temps, il n'appartient pas à notre époque de calme, de rapprochement et de prospérité : d'une part, il se rattache aux cinq années de prédications anarchiques dont la sagesse du législateur nous a pour jamais séparés; de l'autre, il suppose dans son auteur cette altération profonde et complète de la conscience du bien et du mal ; triste et funeste conséquence du désordre de l'esprit et du cœur.

« Le 25 juin 1836, à six heures et demie du soir, le roi, la reine et S. A. R. Mme Adélaïde venaient de monter en voiture au palais des Tuileries pour se rendre à Neuilly ; les glaces des portières étaient baissées, la voiture allait franchir la grille du guichet du Pont-Royal, lorsqu'un homme placé dans la cour auprès de l'une des bornes charretières dirigea sur la personne du Roi une canne-fusil qu'il déchargea immédiatement. Par un miraculeux hasard, le Roi saluait au même moment le poste de la garde nationale sous les armes, et la balle passant à quelques lignes au dessus de sa tête alla frapper intérieurement l'un des angles supérieurs de la voiture et pénétra à une profondeur de plus d'un pouce dans une traverse en bois de chêne.

« L'assassin fut immédiatement arrêté ; c'était un jeune homme de 25 ans environ, coiffé d'un chapeau noir et vêtu d'une redingote foncée et d'un pantalon de drap à côtes. Il portait sous le menton une barbe épaisse et très brune.

Entraîné au corps de garde, il fut immédiatement fouillé ; on trouva sous ses vêtemens un poignard ouvert dont il avait essayé de se saisir à l'instant de son arrestation, quelques objets de la plus mince valeur, et notamment un peigne, deux pipes, un papier renfermant du tabac à fumer, et 23 sous. Toutes les personnes qui l'environnaient à cet instant l'entendirent manifester hautement l'affreux regret de n'avoir pas atteint le Roi. Un docteur en médecine appelé au moment même ayant fait remarquer que son cœur battait fortement, l'assassin lui dit : « *Ce n'est pas de peur, c'est plutôt par re-* » *gret de n'avoir pas réussi.* »

« Par une coïncidence remarquable, cet homme fut aussitôt connu qu'arrêté.

» Le sergent qui commandait le poste de la garde nationale était un sieur Devisme, armurier, rue du Helder, no 12. C'est lui qui, le premier, mit la main sur l'assassin à l'instant de l'explosion.

« Au mois de décembre 1835, un individu se disant commis-voyageur, s'était présenté chez lui sous le nom d'Alibaut. Il avait offert au sieur Devisme de se charger, pour les vendre, de quelques-uns des produits de sa fabrique, et reçut en effet de lui trois cannes-fusils placées dans une caisse à compartimens. A quelque temps de là, n'entendant plus parler d'Allibaut, Devisme se rendit à son domicile, rue Valois-Batave, 7, avant huit heures du soir. Allibaut était enfermé avec une femme qu'il avait rencontrée quelques instans avant dans la rue; il offrit cependant au sieur Devisme de le recevoir. celui-ci n'insista point, et se retira. Le lendemain, un jeune homme se présenta chez l'arquebusier, apportant la caisse et une lettre d'Allibaut qui, en renvoyant deux des cannes-fusil par son ami, Léonce Fraisse, annonçait que la troisième avait été volée dans un café, et promettait d'en rembourser le prix (la somme de trente francs) aussitôt que ses facultés le lui permettraient.

» L'assassin était précisément ce même Allibaut, et la canne-fusil, instrument de son crime, était aussi celle qu'il avait prétendu lui avoir été volée. Ainsi, comme on le voit, il préludait par un abus de confiance au plus horrible des attentats. Cette circonstance n'est pas sans gravité, parce qu'on y trouve une forte présomption de l'isolement du coupable, et qu'elle conduirait à penser qu'il ne faut pas voir dans cet assassin réduit à s'approprier, par un délit, l'arme qui doit attenter aux jours du Roi, l'agent direct et soldé d'une faction, mais bien le fanatique dont le bras a été armé par de funestes et fausses doctrines, soutenues et encouragées sans doute par l'orgueil et la paresse. Il n'est pas sans intérêt de constater également que la poudre saisie au domicile de l'accusé, et dont une partie avait servi à commettre le crime, n'offre aucune analogie avec celle qui provient de la fabrication illicite de la rue de l'Oursine, et que l'instruction a d'ailleurs établi qu'elle avait été achetée par l'accusé, le 26 mai, chez un sieur Frichet, quincaillier, débitant, rue Dauphine.

« L'arrestation de l'assassin en flagrant délit, ses paroles au moment de cette arrestation, ne permettaient aucun doute sur sa culpabilité. Depuis, les dépositions des témoins qui l'ont vu, les interrogatoires qu'il a subis, ont achevé la démonstration de son crime.

« Allibaut se reconnaît ou plutôt se proclame coupable. Il a, s'il faut l'en croire, conçu et arrêté la résolution de l'attentat le jour où une ordonnance royale déclara Paris en état de siége, le 6 juin 1832 ; il voit dans le roi que la France s'est choisi et dont elle a si bien le droit d'être fière, le plus mortel ennemi des peuples ; il avait pris la vie en dégoût et méditait un suicide ; *il a du moins voulu*, dit-il, *utiliser sa mort dans l'intérêt des peuples.*

» Telles sont les effroyables pensées que l'assassin jette incessamment en réponse aux quest'ons des magistrats qui l'interrogent. On lui remet une plume pour signer un procès-verbal, il fait précéder sa signature de cette phrase : « *Je n'ai qu'un regret, celui de n'avoir pas réussi.* » S'il faut l'en croire, il s'attache depuis plus de six mois à suivre toutes les démarches du Roi, pour saisir l'occasion de le frapper de mort. Il a fait plusieurs expériences sur la manière de charger les cannes fusil confectionnées par le sieur Devisme, et il a reconnu qu'une quantité de 28 grains de poudre était précisément ce qui convena.t pour assurer à la balle une direction exacte et suffisamment meurtrière.

» Dans cet état des faits, la procédure devait avoir pour but principal l'investigation des antécédens de l'accusé, des sentimens politiques qui l'animaient, et surtout l'examen de la question de complicité.

« Quelques mots suffiront pour rendre compte des résultats de l'instruction.

» Louis Allibaut est né à Nîmes, le 2 mai 1810, du sieur Barthélemy Allibaut, conducteur de diligences, et de Thérèse·

Madeleine Bataillé. Son père quitta Nîmes vers la fin de 1827 ; il vint s'établir à Narbonne, où il fut successivement limonadier et cabaretier-logeur ; il quitta Narbonne, en octobre 1834, pour demeurer à Perpignan. L'accusé, Louis Allibaut, s'engagea volontairement dans le 15me léger et fut immatriculé au corps le 26 juillet 1829. Il fut nommé caporal le 29 septembre 1830, devint fourrier le 6 juin 1831, et sergent-fourrier le 13 septembre 1833. Il fut mis en congé de réforme le 17 janvier 1834. Louis Allibaut retourna quelque temps à Narbonne, où on le vit fréquenter habituellement les cafés où se trouvaient aussi des jeunes gens connus par l'exaltation de leurs opinions républicaines. Au mois de février 1835, il fut admis comme employé dans la télégraphie aux postes de Montrédon et de Carcassonne. Le 5 septembre de la même année, il prit, à la préfecture des Pyrénées-Orientales, un passe-port pour l'Espagne, et arriva à Barcelonne le 11 du même mois. Son but était de se réunir aux réfugiés italiens et polonais, qui devaient prendre part, dans cette ville, à un mouvement insurrectionnel pour proclamer la déchéance de la reine et la république. Son père, dont les opinions hostiles au gouvernement sont bien constatées, lui avait donné l'autorisation et les moyens de partir. On ne saurait douter que les relations d'Alibaut à Barcelonne avec ces hommes dont l'effroyable mission paraît être de porter partout le désordre et de payer par la guerre civile l'hospitalité qu'ils reçoivent, n'aient été pour beaucoup, sinon dans la résolution même d'Allibaut, au moins dans cette coupable frénésie qui a produit ce crime. C'est à son retour d'Espagne, et quand les fauteurs de désordre, dont il faisait partie, eurent été chassés par les troupes de la reine, qu'Allibaut vint à Paris, et c'est presque immédiatement qu'il s'empara, au moyen d'une escroquerie caractérisée, de l'arme dont il fera six mois plus tard un si criminel usage.

» Allibaut, arrivé à Paris en novembre 1835, se logea d'abord à l'hôtel du Rhône, rue de Grenelle-Saint-Honoré,

7. Il y resta dix jours seulement. La maîtresse de l'hôtel et le garçon de service n'ont pu rendre compte des démarches et des relations d'Allibaut pendant ces dix jours. Vers la fin du mois de novembre, l'accusé habita l'hôtel du sieur Morin, rue de Valois-Batave, 7, et y resta jusqu'à la fin de janvier 1836. C'est pendant son séjour dans cet hôtel qu'il eut avec l'armurier Devisme les relations dont nous avons parlé.

» Pendant ces derniers mois, Allibaut ne travaillait point utilement : s'il faut l'en croire, son unique occupation était de suivre le roi. On le voyait cependant souvent écrire : il se plaignait de sa misère et manifestait un grand dégoût de la vie et l'intention de se suicider. Il quitta l'hôtel sans payer ce qu'il y devait, annonçant qu'il ne lui restait plus qu'un sou, qu'il espérait bientôt avoir une occupation et qu'il s'acquitterait ; il avait remis le 3 janvier au sieur Morin un billet pour vingt francs à un mois de date. Il devait également au sieur Recoul, portier de cet établissement, une somme de 94 francs ; le 1er avril il lui remit quinze francs et souscrivit pour le reste un billet payable, rue Saint-Sauveur, n° 12, le 31 juillet 1836. En quittant l'hôtel du sieur Morin, Allibaut fut reçu rue Bourbon-Villeneuve, 23, chez le sieur Léonce Fraisse, qu'il avait connu au collége à Narbonne et qu'il chargea depuis de remettre à Devisme la caisse contenant les deux fusils et la lettre qu'il lui adressait. Cette double circonstance réunie aux déclarations d'Alibaut qui a été forcé d'avouer que son ami avait connu le mensonge fait à l'armurier Devisme, et d'ajoutér à titre d'explication que Léon Fraisse, animé contre lui de sentimens républicains, croyait que cette arme frauduleusement acquise pouvait servir dans un mouvement révolutionnaire, a dû fixer l'attention de la justice ; toutefois, Léonce Fraisse, au moment de l'attentat, était à Bordeaux, où il fut presque immédiatement arrêté en exécution des ordres transmis de Paris, et l'instruction faite à son égard n'a rien produit qui puisse établir sa complicité ; ses réponses se sont parfaitement rencontrées avec celles d'Allibaut, et ses inclinations républicaines, qu'il n'a point dissimulées, avaient cependant avec celles de l'accusé des divergences qui l'absolvent du soupçon de complicité dans le crime, et qui ont paru bien constatées.

» Le 27 février, Allibaut entra en qualité de commis aux gages de 400 francs par an avec la table et le logement chez le sieur Batiza, marchand de vin, rue Saint-Sauveur, n. 12. Il y resta jusqu'au 23 mai. Le sieur Batiza déclare que plusieurs fois il entendit Allibaut professer hautement les opinions républicaines les plus exaltées. Son garçon de cave, le sieur Manoury, confirme entièrement ses déclarations à cet égard.

» Il raconte notamment que quelques jours après l'exécution de Fieschi, en parlant de ce criminel, il s'était mis à dire qu'il avait eu une mort trop douce pour un scélérat comme lui, et qu'Allibaut en s'emportant lui dit: « qu'il était un imbécile, qu'il n'était pas assez expérimenté pour connaître cela ; que Fieschi n'était point un scélérat. »

» La conduite d'Allibaut lui fit bientôt perdre la position qui lui était nécessaire dans l'établissement du sieur Batiza. Il sortait fréquemment ; souvent ses absences au milieu de la journée duraient deux ou trois heures. Le soir il partait constamment à sept heures et ne rentrait pas avant onze heures ou minuit. Ces circonstances justifient la déclaration de l'accusé, qui avoue qu'il n'a jamais cessé de suivre le Roi, et que tous les soirs il l'attendait à l'Opéra, pour le frapper, soit à l'entrée soit à la sortie du spectacle. Toutefois la paresse et des habitudes de désœuvrement conduisaient souvent l'accusé dans des estaminets où il passait le temps à jouer au billard.

» Le 23 mai, Allibaut fut renvoyé par le sieur Batiza ; il entra le 24 dans un hôtel garni tenu, rue des Marais-Saint-Germain, n. 3 par le sieur Froment ; il y demeura au prix convenu de 10 francs par mois jusqu'au 25 juin, jour de son crime et de son arrestation.

» A cette époque, Allibaud, réduit au plus complet dénuement et dans un état de misère et d'abjection où la paresse,
l'inconduite et des habitudes honteuses peuvent seules conduire, vivait à crédit, soit au café, soit dans la pension bourgeoise du sieur Dubois.

» Allibaud ne paraissait pas occupé, mais il sortait tous les
jours vers midi et rentrait tard. L'instruction a prouvé qu'il
passait une grande partie de son temps au café-estaminet
Allemand, rue du Colombier, n. 4, où il fumait et jouait au
billard; il y était le jour même de l'attentat et partit à quatre heures et demie, prétextant une affaire pressée, lorsqu'un étudiant en médecine, le nommé Covery, qui jouait an
billard avec lui, insistait pour qu'il continuât.

» La perquisition faite le jour même du crime, dans la
chambre occupée par Allibaud, fit saisir, entre autres objets,
quelques cartouches et un volume des œuvres de Saint-Just,
où l'accusé cherchait sans doute à fortifier ses inspirations
criminelles.

» Il est impossible de ne pas rappeler ici que ce détestable
ouvrage, véritable manuel du régicide et de l'assassinat,
avait aussi été saisi chez le condamné Pépin.

» Toutes les habitudes d'Allibaut, soit en province, soit à
Paris, ses paroles même pendant l'instruction du procès, le
signalent comme un des plus fervens adeptes de ces théories
démagogiques et sanguinaires empruntées par une jeunesse
ignorante, vaniteuse et désœuvrée, aux anarchistes de 1793.
C'est sous la déplorable influence de ces folles et cruelles vi-
sions que l'accusé paraît avoir conçu et exécuté son crime.

» La procédure, fortement dirigée vers l'investigation de
ses complices, n'est pas encore arrivée à le sortir de son isolement; jusqu'à ce jour toute la responsabilité légale repose
sur sa tête; pour arrêter sur ce point important une opinion
définitive, il est nécessaire sans doute d'attendre les débats
publics, qui peut-être répandront sur cette affaire de nouvelles lumières.

» Dans ces circonstances, Louis Allibaut est accusé d'avoir, le 25 juin 1836, commis un attentat contre la vie du roi, crime prévu par les articles 86 et 88 du Code pénal. »

Signé N. MARTIN, (du Nord).

Lorsque Allibaut a vu arriver M. Sajou, il s'est levé avec indifférence, et affectant un grand sang-froid, il a dit : *Ce dossier me paraît bien volumineux, il est présumable que je ne lirai pas tout.* »

Voici, d'après le Moniteur, les noms des pairs qui ont signé l'arrêt rendu sur le rapport de M. de Bastard :

« MM. le baron Pasquier, président ; le duc de Grammont, le duc de Mortemart, le duc de Choiseul, le duc de Broglie, le duc de Montmorency, le duc de la Force, le maréchal duc de Tarente, le marquis de Marbois, le marquis de Jaucourt, le comte Klein, le duc de Castries, le duc de la Trémouille, le duc de Brissac, le duc de Caraman, le comte Compans, le comte d'Haussonville, le comte Molé, le comte Ricard, le comte de Noë, le comte de La Roche-Aymon, le duc de Massa, le duc Decazes, le comte Claparède, le vicomte d'Houdetot, le baron Mounier, le comte Reille, l'amiral comte Truguet, le vice-amiral comte Verhuell, le comte de Germiny, le comte d'Hunolstein, le comte de La Villegontier, le marquis d'Aragon, le maréchal duc de Conégliano, le comte de Bastard, le comte Portalis, le duc de Praslin, le comte Siméon, le comte Roy, le comte de Vaudreuil, le comte de Tascher, le maréchal comte Molitor, le comte Guilleminot, le vicomte Dubouchage, le comte Davoust, le comte de Lussy, le comte Boissy-d'Anglas, le duc de Noailles, le marquis de Laplace, le duc de

Larochefoucauld, le comte Clément-de-Ris, le duc d'Istrie, le marquis de Brézé, le duc de Périgord, le marquis de Crillon, le duc de Richelieu, le marquis Barthélemy, le comte Herwin de Nevèle, le duc de Bassano, le comte de Bondy, le comte de Cessac, le baron Ravillier. le comte Gilbert de Voisins, le président Lepoitevin, le comte de Turenne, le prince de Beauveau, le comte d'Anthouard, le comte de Damas, le comte Excelmans, le comte de Flahaut, le vice-amiral comte Jacob, le comte Pajol, le vicomte Rogniat, le comte Perregaux, le baron de Lascours, le comte Roguet, Girod (de l'Ain), le baron Athalin, Besson, le président Boyer, Cousin, le comte Desroys, le comte Dutaillis, le duc de Fezensac, le baron de Fréville, Gautier, le comte Heudelet, le baron Malhouet, le comte de Montguyon, le comte d'Ornano, le chevalier Rousseau, le baron Sylvestre de Sacy, Tripier, Villemain, le baron Zangiacomi, le comte de Ham, le comte Bérenger, le comte Guéheneuc, le comte de La Grange, le comte de Nicolaï, le président Félix Faure, le comte de Labriffe, le comte Bandrand, le baron Neigre, le comte Duchâtel, le maréchal comte Gérard, le baron Haxo, le baron Lallemand, le baron Duval, le comte Reinhard, le baron Brayer, le maréchal comte de Lobau, Barthe, le comte d'Astorg, Bailliot, le baron Bernard, de Cambacérès, le baron de Cambon, le comte Corbineau, le marquis de Cordoue, le baron Feutrier, le baron Fréteau de Peny, le vicomte Pernety, de Ricard, le marquis de Rochambeau, le vicomte de Chabot, le baron de Saint-Aignan, le vicomte Siméon, le comte Valée, le baron Ledru des Essarts, le baron Mortier, le comte de Rambuteau, le comte de Serrant, de Bellamare, le baron de Morogues, le baron Voysin de Gartemps, le baron de Campredon. .

RAPPORT DE M. LE COMTE BASTARD.

L'un des commissaires chargés de l'instruction du procès déféré à la Cour des pairs par ordonnance royale du 25 juin 1836 *.

Messieurs,

Ces momens de deuil et d'effroi qui ont ébranlé la France et déchiré tous les cœurs nous étaient encore présens, le sang des généreux citoyens qui avaient racheté de leur vie la vie du généreux monarque était à peine effacé, peu de jours s'étaient écoulés depuis cet instant terrible où le glaive de la loi avait frappé trois grands coupables, le temple de votre justice se fermait à peine que déjà il faut le rouvrir !

Cependant, confiante dans l'expérience de ce roi mûri à l'école de l'adversité, dans ce courage que l'Europe admire avec nous, heureuse et fière de ces vertus qui entourent le trône et qui devraient toucher et désarmer le fanatisme le plus endurci, la France se livrait avec ardeur aux grands travaux que la paix seule enfante et qui seuls aussi assurent sa durée. Les rangs les plus inférieurs de la société obtenaient par degrés cette amélioration matérielle et morale que l'aisance et l'instruction amènent à leur suite, et une prospérité toujours croissante était la récompense de la sagesse du roi et du bon sens du pays.

C'est au milieu de ce bien-être général que tout à coup Paris et la France apprennent avec horreur qu'un nouvel attentat vient d'être commis sur la personne du monarque ; c'est à côté de l'épouse la plus tendre, de la sœur la plus dévouée, que l'assassin est venu chercher sa victime ! Mais Dieu, qui, deux fois en moins d'une année, a sauvé la France, veillait sur le roi ; et par une circonstance touchante et digne d'être ici rapportée, c'est à ce sentiment de bonté qui lui est si naturel, c'est à son empressement à répondre aux témoignages

* Suivant les premières pièces de l'instruction, le nom de l'auteur de l'attentat s'écrit ainsi : *Alibaut.* Mais dans son rapport, M. Bastard adopte une autre orthographe. Nous changerons dans le titre de la couverture et nous mettrons à l'avenir *Alibaud* au lieu de *Alibaut.*

de respect et d'amour dont il était l'objet, que le roi a dû la vie ; c'est au moment même où il rendait le salut à la garde nationale sous les armes, que l'assassin, trompé dans ses calculs, a fait partir son arme et lancé un plomb meurtrier dont une providence protectrice a détourné l'effet.

ATTENTAT DU 25 juin.

Le samedi 25 juin, le roi, qui, dans la journée, était venu à Paris, quittait les Tuileries vers six heures et un quart, pour retourner à Neuilly avec la reine et S. A. R. madame Adélaïde, qui étaient placées dans le fond de la voiture ; le roi était vis-à-vis de la reine. Les six premiers chevaux se trouvaient déjà engagés sous le guichet du Pont-Royal, lorsque l'explosion d'une arme à feu, dirigée contre le roi, remplit la voiture de fumée ; la balle s'enfonça dans le panneau de la voiture, un peu au-dessous de l'impériale. Le roi, avec un sang-froid admirable, après s'être informé si personne n'avait été blessé, donna ordre de continuer la route.

Je n'essaierai pas, messieurs, de vous rendre les douloureuses *émotions* de la reine et de son auguste sœur, qui s'oublient toujours elles-mêmes pour ne penser qu'au danger du roi. Je ne vous ferai pas assister à cette première entrevue du roi avec ses augustes filles, encore dans l'ignorance du danger que venait de courir leur père, et apprenant de sa propre bouche, d'une manière si simple et si touchante, le crime qui venait d'être commis sur sa personne ; je ne vous peindrai pas les sentimens de ce fils adoptif, notre royal allié, de ces jeunes princes, l'espoir de la patrie, se serrant autour de leur père, que ce nouveau péril leur rendait encore plus cher : ces sentimens furent ceux de toutes les familles françaises au premier bruit de l'attentat.

ARRESTATION DE L'ASSASSIN.

L'explosion venait à peine de se faire entendre que l'auteur du crime fut arrêté. Placé derrière deux adjudans du palais et à côté des factionnaires, il n'était éloigné de la voiture que de cinq pieds; il fut saisi tenant encore son arme : c'était un fusil-canne, arme dont le port est prohibé et puni par la loi.

Le poste de la garde nationale était commandé à ce moment, en l'absence des officiers, par le sergent Devisme, arquebusier, qui reconnut l'individu qu'on venait d'arrêter pour être Louis Alibaud, auquel il déclara avoir confié, pour les vendre, des armes semblables à celle dont l'assassin venait de se servir.

Alibaud est aussitôt fouillé, et l'on trouve sur lui un poignard, destiné, dit-il, à se frapper s'il en avait eu le temps. Il n'avait dans sa poche que vingt-trois sous. Après quelques momens donnés à recueillir les renseignemens que pouvaient fournir les personnes qui avaient été témoins de l'attentat, Alibaud fut conduit à la conciergerie et livré à l'autorité judiciaire.

PREMIER INTERROGATOIRE.

Interrogé aussitôt par M. le procureur-général de la cour royale : « J'ai voulu, dit-il, tuer le roi que je regarde comme » l'ennemi du peuple. J'étais malheureux; le gouvernement » est la cause de mon malheur; le roi en est le chef, voilà » pourquoi j'ai voulu le tuer. Je n'ai qu'un seul regret, celui » de n'avoir pas réussi. »

Ce premier interrogatoire terminé, on se livra sur-le-champ à toutes les recherches, à toutes les investigations qui pouvaient mener à la découverte de la vérité.

LA COUR DES PAIRS EST SAISIE DU PROCÈS.

Dès le soir même, une ordonnance du roi, en exécution de l'article 28 de la charte, investit la cour des pairs de la connaissance de ce nouvel attentat.

Par votre arrêt du 26 juin, vous avez ordonné que votre président procéderait à l'instruction; il a interrogé plusieurs fois Alibaud, et a entendu tous ceux qui pouvaient éclairer la justice sur les antécédens de cet homme, sur ses anciennes liaisons, sur ses rapport nouveaux, sur tous les faits enfin qui se rattachaient à son crime.

Nous vous apportons, messieurs, l'analyse de cette instruction.

NOTICE SUR ALIBAUD.

Louis Alibaud est né à Nîmes, le 2 mai 1810, de Barthélemy Alibaud et de Thérèse-Madeleine Bataillé, aujourd'hui aubergiste à Perpignan.

Alibaud fut d'abord placé dans le lycée de Nîmes. En 1819, il fut envoyé à Narbonne, où il avait une tante religieuse, pour suivre des cours élémentaires où l'on employait la méthode de l'enseignement mutuel, il y montrait quelque intelligence ; plus tard, sa tante le fit entrer au petit séminaire de cette ville d'où il sortit bientôt. Il écrivait bien, et fut successivement employé en qualité de copiste dans deux différentes maisons de cette ville, qu'il abandonna pour entrer comme novice dans la marine, où il ne resta que deux mois.

ALIBAUT EN JUILLED 1830.

Il s'engagea enfin, le 26 juillet 1829, dans le 15e régiment d'infanterie légère, en garnison à Paris ; ce régiment y était encore en juillet 1830. « Je désertai le drapeau de Charles » X, dit-il dans son interrogatoire du 27 juin ; je fis cause » commune avec le peuple ; mais comme je sortais de la » troupe j'avais le préjugé que je ne pouvais tirer sur mes » anciens camarades ; je restai donc neutre pendant les évé-» nemens. Si j'ai été blessé, si j'ai eu le bras démi, c'est que » je me trouvais en amateur derrière une barricade, parmi » des bourgeois qui essuyèrent une charge. »

Alibaud, moniteur de l'école régimentaire, avait été nommé fourrier de la compagnie de carabiniers ; mais une rixe dans laquelle il blessa un citoyen, l'ayant fait renvoyer avec le même grade dans une compagnie du centre, il parvint à se faire réformer, et quitta le service le 17 janvier 1834.

C'est à ce moment que remontent les premiers renseignemens sur le caractère d'Alibaud. Vous aurez déjà remarqué, messieurs, cette inquiétude d'esprit et cette inconstance de caractère qui lui font abandonner les deux premières maisons où il était placé. Il entre dans la marine dont il sort deux mois après. Malgré les représentations de son père, il s'engage dans un régiment, et, malgré les avantages qu'il y avait obtenus, il abandonne le service, sans prévoir ce qu'il doit faire après l'avoir quitté. Il est signalé dans son régiment comme violent et emporté lorsqu'il avait trop bu ; du reste calme et poli dans ses relations habituelles, l'exaltation de ses sentimens politiques avait été peu remarquée ; toutefois, c'est à cette époque, et pendant qu'il servait encore, qu'il place la première idée de son crime.

PREMIÈRE IDÉE DU CRIME.

On lui demande : « Depuis combien de jours mûrissiez-» vous vos coupables projets ?

» R. Depuis le jour où Philippe Ier n'a plus tenu ses pro-» messes.

» D. A quelle époque placez-vous ce jour ?

» R. Principalement après les événemens du cloître St-« Méry. J'ai juré sa mort depuis ce jour-là, et ses actions, à » partir de cette époque, n'ont fait que me confirmer dans » l'opinion que j'avais conçue. »

Alibaud n'était point à Paris au mois de juin 1832, son régiment était alors à Strasbourg. On lui a demandé s'il était en relation avec quelques-uns de ceux qui figurèrent dans les événemens du cloître Saint-Méry : « Non, a-t-il dit, j'étais » absent ; mais je faisais partie du peuple comme ceux sur

» lesquels on tirait : c'était l'unique relation que j'avais avec
» eux. »

IL QUITTE LE SERVICE.

Toutefois l'on peut croire que si, en 1834 et lorsqu'il quitta le service, il eût été aussi préoccupé qu'il nous le dit aujourd'hui du projet de tuer le roi, en quittant le service en 1834 il serait revenu à Paris : il n'y vint point ; il prit la route de Narbonne en passant par Lyon. Dans cette dernière ville, il chercha à entrer dans une maison de commerce qui, après avoir promis de l'employer, refusa de le recevoir. La vie alors lui devient importune ; il est tenté de ne plus retourner chez ses parens et de mettre fin à ses jours, « si l'espoir, dit-il, de rendre un grand service à son pays ne lui avait aidé à supporter la vie jusqu'à ce moment-ci. »

Il arriva donc à Narbonne, où son père, comme aubergiste, logeait quelques employés de l'administration des télégraphes. Par leur moyen, il fut envoyé à Carcassonne et occupé dans cette administration pendant trois ou quatre mois. Il la quitta, n'y trouvant pas un assez prompt avancement ; il chercha à être reçu dans l'établissement destiné à former des moniteurs pour les écoles des départemens ; il ne put y être admis. Il écrivit à un membre de la chambre des députés pour le prier de l'admettre dans son institut agricole, il n'en eut pas de réponse, et suivit alors ses parens qui quittèrent Narbonne et vinrent se fixer à Perpignan.

Dans cette ville, il se mit à étudier l'espagnol et la tenue des livres, pour entrer dans une maison de commerce. « J'étais, a-t-il dit, preoccupé de l'idée d'être utile à mes parens ; cette idée et mes projets se combattaient en moi, j'avais ajourné mes projets j'espérais un mouvement révolutionnaire ; je ne pouvais me persuader que le peuple supporterait toujours le gouvernement du roi ; je me berçais de ces pensées, et en attendant je me disais que je pourrais donner du pain à mes parens. »

CORBIÈRE.

Alibaud vit plusieurs fois à Perpignan le sieur Corbière, qui vous a déjà été signalé dans le procès d'avril comme le chef de la société des Droits-de-l'Homme dans le Roussillon. Interrogé sur ses rapports avec lui, Alibaud a répondu : « Je n'é-» tais pas de sa caste ; il tenait le rang de bourgeois, et moi » je n'étais que le fils d'un aubergiste ; je ne le fréquentais donc » pas. » Cependant on le trouve se présentant comme second dans un duel que Corbière faillit avoir.

A cette époque, un mouvement révolutionnaire se préparait en Catalogne ; les réfugiés polonais et italiens y accouraient de tous côtés ; ils espéraient, comme Alibaud l'a déclaré, s'emparer du pouvoir, proclamer la déchéance de la reine d'Espagne et établir la république.

ALIBAUD EN ESPAGNE.

Les réfugiés étrangers qui traversaient Perpignan, et qui logeaient chez Alibaud père, connaissaient les projets formés sur la Catalogne et les espérances des révolutionnaires. On promit à Alibaud, qui avait été militaire pendant cinq ans, de l'attacher comme aide-de-camp au général que l'on supposait devoir appuyer de son nom cette coupable entreprise. Alibaud partit pour Barcelone. Il avait sur lui, d'après ses propres déclarations, une somme qu'on peut évaluer à environ 250 francs.

En Espagne, il fut, dit-il, défrayé de sa dépense par des débiteurs de son père, et son retour en France ne lui coûta que fort peu de chose. A Barcelone, où il séjourna quatre ou cinq semaines, il fréquenta surtout ces étrangers dans les têtes desquels fermentaient des idées révolutionnaires et régicides, et qui voulaient renverser le gouvernement qui leur donnait asile. « C'est la révolution d'Espagne, dit Alibaud dans ses interrogatoires, qui a achevé d'exalter mes idées, si on peut appeler cela de l'exaltation. »

La nomination du général Mina ayant déjoué les projets des conspirateurs, Alibaud, qui n'avait pu obtenir d'être nommé officier dans les troupes espagnoles, revint à Perpignan vers le 20 octobre 1835.

On lui a demandé quel nouveau plan il avait formé, en rentrant en France, pour assurer son existence?

« A ma rentrée en France, j'étais bien dégoûté de tout;
» ce fut alors que je me décidai à venir à Paris.

» Que comptiez-vous faire à Paris? Il répond : Ce que j'ai
» manqué de faire.

» Ce serait donc en Espagne que vous auriez arrêté le pro-
» jet d'assassiner le roi?

» Je n'étais pas encore tout à fait décidé en quittant l'Es-
» pagne; mais, arrivé en France, je me décidai totalement.
» Ce fut le départ du duc d'Orléans pour l'Afrique qui me
» détermina à venir à Paris.

» En quoi le départ du prince royal a-t-il pu vous déter-
» miner à donner suite à vos projets de voyage à Paris?

» En ce que, le roi mort, et le duc d'Orléans ne se trou-
» vant pas à Paris, la révolution eût été plus facile qu'à toute
» autre époque. »

Heureusement, messieurs, il se trompait dans ses calculs impies. La mort du roi, le plus grand des malheurs qui aurait pu nous frapper, l'absence du prince héritier légitime de la couronne et si digne de la recueillir un jour, n'eussent point amené le bouleversement que, dans son délire, avait rêvé l'assassin. Les droits du prince royal au trône de France n'ont point été en vain confiés au patriotisme et au courage de tous les citoyens; les chambres, tous les corps de l'état eussent maintenu la loi de l'hérédité constitutionnelle du trône; et l'armée, au milieu de laquelle le prince se trouvait alors, et qui la première eût salué le nouveau roi, aurait répété avec toute la France le vieux cri de nos pères : *Le roi est mort, vive le roi.*

ARRIVÉE D'ALIBAUD A PARIS.

Rentré en France Alibaud ne passa que quinze jours à Perpignan ; il partit pour Paris avec 250 fr., s'arrêta deux ou trois jours à Bordeaux. Il acheta à Châtellerault, pour la somme de 5 fr., le couteau-poignard qui a été saisi sur lui au moment de l'attentat. Enfin il arriva le 17 novembre dernier n'ayant plus que 80 ou 90 fr. en sa possession.

Dès ce moment, l'instruction a dû s'attacher à toutes les démarches d'Alibaud et rechercher tous ceux qui, liés avec lui, auraient pu recevoir la confidence de son affreux projet, l'exciter ou l'aider dans son exécution.

Alibaud descendit à l'hôtel du Rhône, rue de Grenelle-St-Honoré ; il y resta dix jours. On n'a conservé aucun souvenir circonstancié de son séjour dans cette maison.

Pendant deux mois, il habita l'hôtel garni, rue de Valois-Batave, 5 ; il prenait sa nourriture chez le portier ; il voyait peu de monde, et, si l'on en croit les témoins entendus dans l'instruction, ne parlait jamais politique.

Le premier mois, il solda sa dépense ; mais bientôt, ses ressources étant épuisées, il ne put payer son loyer ni sa nourriture ; il annonçait un profond dégoût de la vie, et le 19 de janvier il demanda au portier de l'hôtel de lui acheter dix livres de charbon, dont il avait l'intention de se servir pour attenter à ses jours.

SES RELATIONS AVEC L'ARMURIER DEVISME.

Avant cette dernière époque, et dans la première quinzaine de décembre, Alibaud raconte qu'un journal ayant fait connaître le sieur Devisme comme fabricant de fusils-cannes et d'armes nouvelles, il se rendit chez lui, et se donna pour un commis-voyageur qui pourrait lui procurer la vente des armes de sa fabrique. Il le revit plusieurs fois, et dans sa conversation, étrangère à la politique, il ne s'occupait que d'intérêts commerciaux et de facilités que ses relations dans le midi pouvaient lui offrir pour placer ces différentes armes.

Alibaud essaya plusieurs de ces fusils-cannes, qui, se trouvant trop chargés, ne purent résister à l'effort de la poudre. Il voulut payer le dernier de ces fusils, qui avait crevé entre ses mains ; Devisme refusa ce paiement et lui confia, dans une caisse, quatre fusils-cannes, une cravache – pistolet et deux cents cartouches, dont vingt à balle. Ces objets, plus tard, lui furent en partie renvoyés, et Devisme ne revit Alibaut que le jour même de son crime.

Pendant les deux mois qu'Alibaut resta rue de Valois-Batave, il ne se livra à aucun travail : son unique occupation, dit-il, était de suivre le roi ; il l'attendait à la porte de l'Opéra, se promenait dans les environs des Tuileries, dans les Tuileries même, et cherchait à s'approcher de la voiture du roi pour consommer le crime dont il était préoccupé.

LÉONCE FRAISSE.

Alibaud avait retrouvé à Paris Léonce Fraisse, âgé de 20 ans, mais avec qui cependant il avait étudié à Narbonne. Il lui confia son dénuement et l'état de misère auquel il était réduit. Léonce Fraisse vendit ses propres effets pour donner quelques secours à Alibaud. Il partagea pendant quinze jours ou trois semaines son lit avec lui. Il le menait souvent dîner chez sa mère, et se donna beaucoup de mouvement pour lui trouver un emploi. C'est lui qui le plaça dans un magasin de broderies tenu par les demoiselles Duperly.

C'est par Léonce Fraisse qu'Alibaud fit remettre à Devisme une caisse contenant trois fusils-cannes qu'il lui avait confiés ; il écrivit à Devisme qu'on lui avait volé le quatrième dans un café ; Léonce Fraisse était confident de la rétention de cette arme. Alibaut a déclaré avoir dit à Fraisse qu'il la conservait pour s'en servir lorsqu'un mouvement révolutionnaire viendrait à éclater. Toutes ces circonstances, connues dès les premiers momens qui suivirent l'attentat, motivèrent l'arrestation de Léonce Fraisse, qui du reste était absent de Paris depuis plusieurs jours, pour les affaires de commerce de son frère : il allait à Beaucaire, en passant par Bordeaux et Toulouse.

Ramené à Paris et interrogé par M. le président, Fraisse affirme qu'Alibaud, en le chargeant de porter à Devisme la boîte qui renfermait les trois fusils-cannes, lui avait dit qu'il comptait payer plus tard celle qu'il conservait, dans l'intention de la donner à son père pour tuer de petits oiseaux ; qu'Alibaud venait d'être placé, et devait consacrer le montant de ses appointemens du premier mois à payer cette arme ; et que, sans cela, il ne se serait pas chargé de sa commission.

Léonce Fraisse déclare avoir eu des discussions assez vives sur la politique avec Alibaud, qui, dit-il, « était beaucoup plus avancé que moi ; il était de la Montagne et moi de la Gironde. »

Une réponse d'Alibaud fait encore mieux connaître la différence de leurs opinions politiques.

« Suivant la manière de voir de Fraisse, dit Alibaud, le système suivi par Robespierre était un système de sang qu'il désapprouvait ; moi je croyais que c'était un système qui pouvait nous ramener à une vraie république. »

Léonce Fraisse s'est empressé d'affirmer que, s'il avait su les intentions d'Alibaud, il se serait attaché à lui comme son ombre : il jure sur l'honneur que, s'il lui connaissait des complices, il le dirait.

L'interrogatoire subi par Léonce Fraisse a été long et détaillé ; il n'a pas justifié les préventions que son intimité avec Alibaud et les circonstances que nous avons rapportées avaient naturellement fait naître. Fraisse a été mis en liberté.

BATIZA.

Dans le milieu de février, Alibaud fut placé dans le magasin des demoiselles Duperly; il n'y resta que quinze jours. Il entra en qualité de commis teneur de livres chez le sieur Betiza, marchand de vin, rue St-Sauveur; il devait recevoir 400 francs par an et être logé et nourri. Interrogé sur l'emploi de son temps dans cette maison : « J'étais, a-t-il répondu, occupé dès le matin jusqu'à neuf heures du soir ; je sortais seulement à cette heure pour aller lire les journaux, mon travail ne me permettait pas de suivre le roi, ce qui contribua à me dégoûter de cette maison. J'eus une légère altercation avec mon patron, et je le quittai. Je n'en étais pas fâché sous un rapport : le beau temps approchait, je pensai que le roi sortirait plus souvent ; je désirais trouver un emploi dans lequel je serais plus libre, afin de pouvoir le suivre. J'avais renoncé à l'idée de tirer sur le roi lorsqu'il serait en voiture, ayant remarqué que les stores étaient souvent baissées, et qu'il y avait presque toujours des dames avec lui. Je formai alors le dessein de tirer sur le roi lorsqu'il se promènerait dans le petit jardin particulier qui lui est destiné en avant des Tuileries : je n'ai jamais pu l'y voir ; j'ajoute que j'ai surveillé plus particulièrement le roi depuis le départ des princes. »

Batiza avait renvoyé Alibaud de chez lui parce qu'il faisait négligemment l'ouvrage dont il s'était chargé. Plusieurs fois il s'était fait remarquer par l'exaltation de ses idées républicaines. Un jour qu'on exprimait devant lui l'horreur qu'inpirait le crime de Fieschi, il prit la défense de ce misérable. Le témoin Manoury, qui était avec lui chez Batiza, lui ayant fait quelques reproches sur la négligence qu'il apportait à son service, Alibaud lui répondit : « Quand j'ai mes idées dans ma tête : je ne pense pas à cela. » Du reste, ajoute le témoin, Alibaud m'a toujours paru d'un caractère honnête et tranquille ; il ne s'emportait que lorsqu'il parlait politique ; il voyait peu de monde ; Fraisse seul venait souvent le voir.

La déposition de Batiza est conforme à celle de Manoury :

il ajoute qu'Alibaud sortait souvent, qu'il prolongeait ses absences et ne rentrait le soir qu'assez tard. On lui connaissait son poignard, mais jamais on n'a vu sa canne ; et cependant on allait dans sa chambre qui n'était pas fermée, et même Batiza avait eu l'occasion de voir tout ce qui était dans sa malle; cette canne n'avait jamais frappé ses regards.

En sortant de chez Batiza, Alibaud alla loger dans la rue des Marais-Saint-Germain, n° 3 ; il entra dans cet hôtel le 25 mai ; le prix de son logement était de 10 fr. par mois ; il paya la première quinzaine et ne put solder la seconde, non plus que trois chandelles et une feuille de papier qu'il doit encore au portier de la maison. Bothrel, qui avait connu Alibaud à Strasbourg, est venu deux fois le voir dans la première quinzaine de juin. Du reste, Alibaud ne parlait à qui que ce fût et ne connaissait aucune des personnes qui étaient logées dans cette maison, il sortait tous les jours avant midi et ne rentrait que vers onze heures.

Le portier, qui faisait sa chambre, a vu sous sa commode, dans le commencement de juin, la canne dont Alibaud s'est servi pour commettre son crime. Il en ignorait la destination ; il l'examina et la replaça sous la commode sans en parler à personne, pensant que c'était un instrument inoffensif.

Alibaud, interrogé sur l'emploi de son temps dans le dernier mois, déclare qu'il sortait après son déjeuner lorsqu'il savait que le roi devait venir à Paris, et qu'il allait le plus souvent l'attendre aux Tuileries. Il dînait chez le sieur Dubois, qui tenait une pension bourgeoise rue Furstemberg, et passait une grande partie de son temps dans le café estaminet Allemand, rue du Colombier, n. 4. Il rentrait toujours entre onze heures et minuit. Alibaud était alors tombé dans le plus complet dénuement. Pour obtenir quelque crédit dans la pension où il prenait ses repas et dans le café qu'il fréquentait, il avait eu recours à des mensonges : il se disait employé dans une maison de commerce où il ne devait toucher ses premiers appointemens qu'à la fin du mois.

Il est ainsi resté vingt jours sans avoir un sou en sa possession, sollicitant de la bienveillance de ceux avec qui il se trouvait, un peu de tabac, qu'on ne lui accordait pas toujours. Le jour de l'attentat ou la veille, il vendit pour trente sous un dictionnaire de poche espagnol, afin de satisfaire à ce besoin pressant, les vingt-trois sous trouvés sur lui provenaient de cette vente. Telle était sa situation au moment de l'attentat.

INTERROGATOIRE DU 30 JUIN.

Dans son interrogatoire du 30 juin, Alibaud rend un compte détaillé de l'emploi de son temps le 25, jour de l'attentat ; nous croyons devoir reproduire ici ses propres paroles :

« Je me suis levé vers dix heures. Je suis allé d'abord au café Félix lire le journal ; je ne me rappelle pas quel journal j'ai lu, mais je ne me suis arrêté, comme de coutume, qu'à l'article sur le roi et les princes. Je suis allé de là déjeuner à ma pension, et après le déjeuner, j'ai été chez moi prendre ma canne. J'ai suivi la rue des Marais ; entré dans le rue des Petits-Augustins, je tournai à gauche, et je suivis la rue Jacob et celle de l'Université jusqu'a la rue du Bac. »

« Dans cette rue j'entrai chez un épicier, qui est le dernier à gauche en montant au Pont-Royal. Voyant qu'il n'était que onze heures un quart, présumant que le roi ne viendrait qu'à midi, selon son habitude, je suivis le quai des Tuileries et entrai dans les Champs-Elysées. »

« Voyant des sergens de ville à l'entrée et dans l'avenue des Champs-Elysées, j'acquis la certitude que le roi n'était pas arrivé ; je l'attendis. »

« Apercevant le roi dans l'avenue, je revins me poster à l'entrée des Champs-Elysées, à côté des constructions nouvelles, à droite en allant aux Tuileries.

» Pour ne pas éveiller de soupçons, je liai conversation avec un individu qui se trouvait là.

» Quelques minutes après, le roi passa ; mais il n'était pas placé à ma fantaisie et de manière à ce que je pusse l'atteindre, ce qui m'empêcha de le mettre en joue.

» Dès lors je me rendis chez moi pour y déposer ma canne, et fus au café, où je fis une partie de billard avec Cauvry. Je le quittai en refusant de faire *la belle*, parce que l'heure me pressait. Je fus reprendre ma canne et me dirigeai vers les Tuileries, en prenant le nouveau pont, où je changeai une pièce de deux sous ; on me rendit un sou, et, comme je ne voulais pas déboutonner ma redingote pour réunir ce sou aux vingt-deux que j'avais dans mon gilet, parce que je craignais de faire tomber mon poignard, je plaçai ce sou dans la poche de ma redingote, où il aura été trouvé.

» Arrivé sur la place du Carrousel, je vis que le roi n'était pas parti ; je le jugeai au nombre des voitures qui stationnaient encore dans la cour et aux gens de livrée qui se trouvaient aux portes : alors je liai conversation avec le garde national qui était de faction à la grille de l'arc-de-triomphe. Je lui parlai du monument et restai assez long-temps avec lui, environ une demi-heure. Quand je vis les voitures du roi déboucher de la rue St-Thomas-du-Louvre, je quittai le factionnaire et fus me mettre à l'endroit où j'ai été saisi.

PERQUISITION AU DOMICILE D'ALIBAUD.

Une perquisition fut faite au domicile d'Alibaud, elle y fit découvrir un petit paquet de poudre, quelques ouvrages insignifians, le premier volume des *Martyrs*, et enfin un exemplaire des *OEuvres de Saint-Just*.

La cour n'a pas oublié que ce dernier ouvrage fut prêté par Pépin à Fieschi : coïncidence remarquable de lectures et de crimes, qui indique peut-être que l'exaltation dépravée de quelques esprits tire sa source d'une doctrine commune et d'une même direction d'idées ; et que c'est surtout par l'exploitation des souvenirs révolutionnaires que l'esprit révolutionnaire se nourrit et se propage.

Nous ne reproduirons pas en entier les différens interrogatoires qu'Alibaud a subis; nous en avons extrait tout ce qu'il
pouvait être utile d'en savoir pour connaître cet homme et
apprécier toute sa perversité.

Alibaud avoue son crime, il s'en applaudit; il regrette de
n'avoir pas réussi, et malgré les apparences de ce délire in-
fernal, nous devons déclarer que tout, dans ses réponses,
dans la suite de ses actions, dans l'ordre de ses idées, annonce une intelligence dépravée sans doute, mais toujours
maîtresse d'elle-même, qui a long-temps réfléchi sur son
crime, qui en a conçu, qui en a mesuré toute l'étendue et
qui s'est froidement et librement déterminée à le commettre.

Alibaud a-t-il obéi aux inspirations spontanées d'une mauvaise passion ou ne serait-il que l'instrument fanatique d'une
faction exécrable qui s'efforce, par le meurtre et l'assassinat,
de bouleverser le pays, et ne s'attaque au roi que parce
qu'elle voit en lui le représentant vivant de l'ordre, de la morale et de la civilisation française ?

Rien n'indique dans la procédure que, dans son régiment,
Alibaud eût manifesté la coupable pensée du crime que plus
tard il a réalisé. Si son imagination s'est exaltée dans les réunions républicaines de la Catalogne, y aurait-il pris l'engagement de commettre son crime ! c'est ce que l'instruction ne
pouvait nous apprendre, car elle ne pouvait embrasser des
faits qui se seraient passés dans un pays étranger, où la justice de France manquait de moyens efficaces d'investigation.

L'étrange coïncidence qui a fait commettre le crime le jour
et dans le moment où le sergent Devisme commandait aux
Tuileries le poste de la garde nationale devait nécessairement
préoccuper les esprits. Devisme était le fabricant de cette
arme perfide et prohibée; il l'avait remise lui-même à l'assassin; il l'avait essayée avec lui; n'en aurait-il pas préparé et
facilité l'usage parricide? Mais les recherches les plus exactes
nous ont démontré que cette coïncidence ne tenait qu'à une
de ces combinaisons inexplicables du hasard. On dirait que

la Providence a voulu que l'auteur du forfait fût aussitôt reconnu que signalé !

Alibaut n'avait pas aperçu Devisme dans la cour des Tuileries ; il s'était entretenu, en attendant les voitures du roi, avec le factionnaire placé près de l'Arc-de-Triomphe, ainsi que le constate la déposition de ce garde national. Des renseignemens dignes de confiance établissent que Devisme est dévoué au roi et à sa famille ; aucun soupçon de complicité ne saurait l'atteindre : il ne s'en est pas moins rendu coupable d'un grave délit en vendant des armes prohibées dont l'usage criminel a failli devenir si funeste. Nous nous sommes assurés que des poursuites étaient commencées pour la répression de ce délit, et que l'administration avait pris des mesures pour en prévenir le retour.

Les sieurs Coural et Cambourlac avaient été signalés comme connaissant Alibaut, et ayant avec lui des relations qui pouvaient être suspectes ; mais les témoignages les plus honorables sont venus établir que si ces deux jeunes gens, qui sont de Narbonne, rencontrèrent Alibaut une ou deux fois, les relations qu'ils eurent avec lui n'avaient rien eu de criminel.

Charles Botrel était venu deux fois chez Alibaut ; il a été interrogé ; il a établi qu'il avait connu Alibaud à Strasbourg, lorsqu'ils étaient tous deux en garnison dans cette ville. L'ayant retrouvé à Paris, Botrel chercha à lui être utile et l'engagea à dîner chez lui ; mais tous les détails de leur rencontre et de leurs rapports, parfaitement établis, repoussent entièrement l'idée que Botrel ait connu les régicides projets d'Alibaut. C'est par Botrel que Pierret, élève en chirurgie, a revu Alibaut, qu'il avait aperçu à Strasbourg. Botrel et Alibaut, passant un jour près du Val-de-Grâce, où loge Pierret, montèrent chez lui ; il leur prêta quelques livres ; Alibaut emporta le premier volume des *Martyrs*. Rien dans ce relations n'était de nature à compromettre ni Pierret n Botrel.

Plusieurs autres noms, Messieurs, ont été l'objet d'active

recherches qui ont dissipé les vagues préventions qui, dans ces premiers momens avaient pu atteindre ceux qu'elles avaient un instant signalés.

Il résultait enfin d'un renseignement transmis à M. le procureur-général, que Marie-Louise Bart, femme de confiance chez le sieur Ribet, rue de Lille, n. 23, avait dit que le jour de l'attentat, passant dans la cour du Carrousel, et désirant voir S. M. monter en voiture, elle s'était placée en avant et à droite du poste de la garde nationale; qu'à l'instant où le roi passait sous la voûte, elle entendit une détonation et vit arrêter l'assassin, et qu'au même moment elle avait aperçu deux jeunes gens qui se sauvaient en disant : Quel malheur! le roi est manqué !

DÉPOSITION DE LA FILLE BART.

La fille Bart a été en conséquence appelée à déposer; elle a déclaré avoir été témoin du crime d'Alibaut, de son arrestation et de la fuite précipitée de deux jeunes gens qui auraient tenu, en s'échappant de la cour des Tuilleries, par la grille de l'Arc-de-Triomphe, le propos que nous avons rapporté plus haut.

La fille Bart a ajouté qu'ayant fait part à un individu qui se trouvait près d'elle de ce qu'elle venait de voir, celui-ci lui aurait répondu que cette affaire ne regardait pas les femmes, et que ces jeunes gens allaient chercher du secours.

Cet individu était vêtu en bourgeois, et la fille Bart a déclaré qu'elle ne saurait le reconnaître. Quant aux deux jeunes gens, elle a dit qu'ils avaient environ vingt-cinq ou vint-six ans; qu'ils étaient de tailles différentes; qu'ils avaient de la barbe sous le menton, et qu'ils étaient porteurs de redingotes dont elle ne peut indiquer la couleur.

Dans cette situation, il a été impossible de donner aucune suite à ce témoignage, résultat d'une observation faite dans un moment de trouble et de désordre, et qui ne se rattache à aucun autre fait de la procédure.

Ainsi, comme vous le voyez, Messieurs, l'instruction n'a fait connaître personne que l'on puisse désigner comme complice d'Alibaut.

Pour se procurer l'arme dont il devait se servir, il fut obligé, faute d'argent, de la dérober à l'armurier qui la lui avait confiée.

Le 26 mai, il n'avait plus de poudre pour charger cette arme, et l'on a constaté qu'à cette époque, et un mois avant l'attentat, il en avait acheté deux onces chez le sieur Frichot; une partie de cette poudre saisie chez lui est reconnue pour provenir de la régie, et n'avoir aucun rapport avec celle qui, vers la même époque, se fabriquait clandestinement dans la rue de l'Oursine.

L'instruction ne montre Alibaut lié avec aucun de ceux qui, dans ces derniers temps, ont été l'objet de la surveillance de l'administration, et dont les noms ont si souvent retenti dans les tribunaux. Elle ne fait point connaître qu'il ait fait partie d'aucune association secrète, et son forfait ne serait dès lors que le crime d'un seul homme, d'une imagination pervertie par ces insinuations odieuses et mensongères qui tant de fois depuis six ans ont dévoué les rois à la haine des peuples, et par ces doctrines funestes qui voudraient enlever à l'assasinat politique et au suicide le caractère criminel dont la morale chrétienne les a si justement flétries.

Nous ne croyons pas, Messieurs, devoir nous étendre sur votre compétence : jamais elle ne fut plus évidente ; vous l'avez déjà plusieurs fois reconnue et proclamée. L'attentat sur la personne du roi n'est-il pas l'attentat le plus grave qui puisse être commis dans une monarchie? Ne compromet-il pas au premier chef la sûreté de l'état? Ne réunit-il donc pas toutes les conditions qui commandent l'exercice de votre haute juridiction? Vous n'hésiterez pas, Messieurs, à vous déclarer compétens.

Telle est, messieurs, l'analyse rapide mais fidèle de l'instruction. Le désir de vous en faire connaître promptement le résultat et de hâter le jour de la justice ne nous a pas fait sacrifier le devoir plus pressant encore de rechercher et d'atteindre les complices d'Alibaut, s'il en exista't réellement; mais, la procédure ne nous ayant rien révélé qui soit de nature à nous faire présumer que nous puissions acquérir de nouvelles lumières, nous nous sommes hâtés de venir vous communiquer le résultat de nos investigations : c'est ainsi qu'il sera démontré à tous que la solennité de votre instruction et des formes protectrices de l'innocence, dont vous aimez à vous environner, peuvent s'allier avec la rapidité dans l'examen des causes et le jugement des accusés.

Puisse ce nouvel attentat être pour le pays un utile avertissement du danger de ces doctrines pernicieuses qui égarent les citoyens et les éloignent de ce gouvernement monarchique et libre qui a réalisé les généreuses espérances des premières époques de notre révolution, et qui seul peut faire marcher l'humanité vers ces meilleures destinées auxquelles elle doit atteindre!

Puissent enfin tous les Français compiendre qu'après les déchiremens qui depuis tant d'années ont désolé notre pays, c'est à la personne sacrée du roi que sont plus que jamais attachés le bonheur de la France et le repos de l'Europe!

LETTRE D'ALIBAUT.

La lettre suivante a été publiée dans tous les journaux du 8 juillet.

Monsieur le rédacteur,

J'ai appris par mon avocat ce que les journaux ont raconté de moi depuis quelques jours.

On a parlé de mes conversations, de mes lectures, de beaucoup de choses, enfin, qui ne mériteraient pas de fixer l'attention publique si elles étaient vraies, mais qui sont entièrement controuvées.

Je n'ai jamais prononcé le nom de Fieschi; jamais non plus je n'ai tenu les ignobles propos qu'on me prête sur les causes de mon attentat.

Je n'ai eu avec personne de conversations familières sur ce sujet.

Je n'ai pris pour confident que M. Charles Ledru, mon avocat, et je sais qu'il n'a révélé à qui que ce soit ce que j'ai confié à son honneur.

Agréez, monsieur le rédacteur, les excuses de votre très obéissant serviteur.   ALIBAUD.

A la Conciergerie, ce 7 juillet 1836.

DÉBATS.

Sommaire. — Liste des Pairs présens.— Incidens soulevés par le défenseur d'Alibaut. — Arrêt de la Cour. — Interrogatoire d'Alibaut. — Dépositions des témoins.

A neuf heures du matin, les personnes munies de billets d'entrée assiégent la principale porte du palais du Luxembourg.

A dix heures les portes sont ouvertes, et l'espace étroit réservé au public dans la salle ordinaire des séances de la chambre des Pairs est rapidement rempli.

Le fauteuil de M. le Président a été placé au côté droit de l'assemblée; derrière son fauteuil est construite en serge bleu une petite tribune dans l'intérieur même de l'hémycicle destiné aux fils des Pairs; la place ordinairement remplie par le bureau de M. le Président de la chambre et celui de MM. les secrétaires a été métamorphosée en une tribune, pour les porteurs de billets d'entrée. Au devant de cette tribune, élevée de quelques pieds au dessus du sol, sont placées deux banquettes destinées aux gardes municipaux et aux officiers de service. C'est au milieu de la seconde banquette que doit être placé l'accusé; devant lui deux siéges sont disposés pour ses défenseurs, M⁰ Charles Ledru, défenseur choisi par Alibaut et M⁰ Bonjour viennent y prendre place.

Le banc du ministère public est à la gauche de l'accusé.

A onze heures, Alibaut est introduit; il s'appuie sur le bras de deux gardes municipaux. Cinq gardes municipaux s'as-

soient autour de lui; ses vêtemens consistent en une redingote noire et un pentalon blanc. Sa tenue ne manque pas
d'une certaine élégance. Sa figure est expressive ; il porte un
collier de barbe sous le menton. Il montre une grande impassibilité et jette de tous côtés des regards fermes ; sa physionomie a quelque chose de sombre et de triste.

Au moment où Me Ch. Ledru vient prendre place au banc
des défenseurs, Alibaut lui sourit et lui fait de la main un
signe amical.

A onze heures un quart la cour est introduite. MM. les
pairs ont tous l'épée au côté. A leur entrée, Alibaut les regarde avec curiosité.

Plusieurs de MM. les pairs se plaignent de ne pas avoir de
place. M. Decaze leur fait approcher des fauteuils.

MM. Martin (du nord), Plougoulm et Franck-Carré sont
au banc du ministère public.

Plusieurs officiers d'état-major se placent dans les couloirs.

M. le président. L'audience est ouverte. Le public sait
qu'il doit écouter avec un respectueux silence les débats qui
vont souvrir. {M. le greffier va procéder à l'appel nominal.

LISTE DE MM. LES PAIRS.

M. Cauchy, greffier en chef, fait l'appel nominal, auquel
ont répondu :

MM. le baron Pasquier, président ; le comte de Grammont,
le duc de Mortemart, le duc de Choiseul, le duc de Broglie,
le duc de Montmorency, le duc de la Force , le maréchal duc
de Tarente, le marquis de Marbois, le marquis de Jaucourt,
le comte Klein, le marquis de Sémonville, le duc de Castries,
le duc de La Trémoiulle, le duc de Brissao, le duc de Caraman, le comte Compans , le comte d'Haussonville, le comte
Molé, le marquis de Mun, le comte Ricard, e baron Sé-
guier, le comte de Noë, le duc de Massa, le duc Decazes,
le comte de Bérenger, le comte Claparède, le marquis de

Dampierre, le vicomte d'Houdetot, le baron Monnier, le comte Reille, le comte Rampon, le comte de Sparre, le marquis Talhouet, l'amiral comte Truguet, le vice amiral comte Verhuel, le comte de Germiny, le comte d'Hunolstein, le comte de La Villegontier, le marquis d'Aragon, le baron Dubreton, le maréchal duc de Conégliano, le comte de Bastard, le comte Portalis, le duc de Praslin, le duc de Crillon, le duc de Coigny, le comte Siméon, le comte Roy, le comte de Vaudreuil, le comte de Tascher, le maréchal comte Molitor, le comte Guilleminot, le comte d'Haubersart, le comte Dejean, le duc de Plaisance, le vicomte Dode, le vicomte Dubouchage, le comte Davoust, le comte de Sussy, le comte de Boissy-d'Anglas, le duc de Noailles, le marquis de Laplace, le duc de La Rochefoucault, le comte Clément-de-Ris, le vicomte de Ségur-Lamoignon, le duc d'Istrie, le comte Abrial, le duc de Périgord, le marquis de Crillon, le duc de Richelieu, le marquis Barthélemy, le duc de Crussol, le comte Herwin de Nevèle, le marquis de Boisgelin, le duc de Bassano, le comte de Bondy, le comte de Cessac, le baron Davillier, le comte Gilbert de Voisins, le président Lepoitevin, le comte de Turenne, le prince de Beauvau, le comte d'Anthouard, le comte Dumas, le comte Excelmans, le comte de Flahaut, le vice-amiral comte Jacob, le comte Pajol, le vicomte Regniat, le comte Philippe de Ségur, le comte Perregaux, le baron de Lascours, le comte Roguet, Girod (de l'Ain), le baron Athalin, Aubernon, Bertin de Veaux, Besson, le président Boyer, le vicomte de Caux, Cousin, le comte Desroys, le comte Dutaillis, le duc de Fezenzac, le baron de Fréville, Gautier, le comte Heudelet, Humblot-Conté, le baron Louis, le baron Mahlouet, le comte de Montguyon, le comte Ornano, le chevalier Rousseau, le baron Sylvestre de Sacy, Tripier, Villemain, le baron Zangiacomi, le comte de Ham, le comte Béranger, le comte Edouard de Colbert, le comte Guéheneuc, le comte de la Grange, le comte de Nicolaï, le président Faure, le comte de Labriffe, le comte de Baudrand, le comte de

Preissac, le baron Neigre, le comte Duchâtel, le maréchal comte Gérard, le baron Haxo, le baron Lallemand, le baron Duval, le comte Reinhard, le baron Brayer, le maréchal comte Lobau, Barthe, le comte d'Astorg, Bailliot, le baron Bernard, de Cambacérès, le baron de Cambon, le comte Corbineau, le marquis de Cordoue, le baron Feutrier, le baron Fréteau de Peny, le vi·comte Pernety, de Ricard, le marquis de Rochambeau, le vicomte de Chabot, le baron Auguste de Saint-Aignan, le vicomte Siméon, le comte Valée, le baron Ledru des Essarts, le baron Mortier, le comte de Rambuteau, le comte de Serrant, de Bellemare, le baron de Morogues, le baron Voysin de Gartempe, le baron de Campredon.

M. Le Président. — Accusé, quel est votre nom ?

Alibaut, d'une voix fortement accentuée. — Alibaud (Louis)

D. Votre lieu de naissance ?

R. Nîmes.

D. Votre état ?

R. Ex-militaire.

D. Votre lieu de demeure ?

R. Paris.

M. le président, après l'allocution d'usage au conseil de l'accusé, ordonne au greffier de lire l'acte d'accusation.

M. Cauchy, greffier en chef de la cour, donne lecture au milieu du plus profond silence de l'arrêt de renvoi et de l'acte d'accusation. L'accusé suit cette lecture avec attention, et sourit amèrement à plusieurs passages.

Un huissier dépose sur une table les pièces de conviction, qui consistent en une canne fusil, des livres, une boîte en carton, etc, etc.

M. le greffier fait l'appel des témoins que l'on fait ensuite venir.

M. Le Président. — Alibaut, levez-vous.

Au moment où Alibaut va se lever, Mᵉ Ch. Ledru se lève et, demandant la parole, donne lecture de conclusions préjudicielles ainsi conçues :

CONCLUSION DE M. CHARLES LEDRU.

» Plaira à la cour,

» Attendu qu'aux termes de l'art. 6 de la loi du 9 septembre 1835, le réquisitoire et l'ordonnance à l'accusé, indication du jour de l'audience doivent être signifiés au prévenu dix jours au moins avant l'ouverture des débats par un huissier que le président de la cour commettra ;

» Que cette procédure est une procédure d'urgence, extraordinaire et de droit étroit ;

» Que l'arrêt de la cour des pairs rendu contre Alibaud a été rendu le 2 juillet et signifié le même jour ;

» Que l'acte d'accusation n'a été signifié à l'accusé que le 3 juillet.

» Que le délai fixé par la loi du 9 septembre 1835 n'a donc pas été observé ;

» Renvoyer l'affaire à tel jour qu'il plaira à la cour de fixer. »

M. le procureur-général. —Je n'ai, Messieurs, que de courtes observations à vous présenter sur les conclusions qui viennent d'être déposées sur le bureau de M. le président.

La loi du 9 septembre 1835, qui est invoquée, a été faite pour les tribunaux ordinaires ; et certes depuis long-temps on sait que la cour des pairs n'est pas astreinte à exécuter, sous ce rapport, les délais de forme qui ont été établis pour les tribunaux ordinaires.

Nous dirons, d'un autre côté, que l'application qu'on veut en faire dans l'espèce particulière est mal fondée.

En effet, Messieurs, d'après les règles qui avaient précédé la loi du 9 septembre 1835, jamais un individu accusé d'un crime ne pouvait être traduit devant la cour d'assises que lorsque la chambre d'accusation avait examiné les charges, et avait pensé qu'il y avait lieu à renvoyer devant le jury.

La loi du 9 septembre 1835 a apporté une modification à ces règles ordinaires ; elle a donné au ministère public la faculté, sur le simple vu d'une première instruction, de ne pas soumettre l'affaire à la chambre d'accusation, et de saisir directement la cour d'assises. On comprend alors qu'il fallut placer à côté de ce droit accordé à la justice publique, une garantie pour la défense, et cette garantie on l'a trouvée dans un délai accordé par la loi à l'accusé.

Voilà les motifs pour lesquels, contrairement aux principes ordinaires de notre droit criminel, ce délai de dix jours doit être accordé à l'accusé, entre la citation qui lui est donnée et le jour où il comparaîtra devant la cour d'assises.

Devant votre juridiction, les dispositions de cette loi nouvelle ne pouvaient s'appliquer. Vous le sentez en effet, les règles que vous vous êtes tracées par vos précédens ne vous permettraient pas de vous dispenser de saisir la cour des pairs, comme une chambre d'accusation, de l'examen préalable de la question de savoir s'il y avait ou non des charges suffisan tes contre l'inculpé Alibaut. Vous avez donc prononcé comme chambre d'accusation ; il y a eu arrêt de renvoi et de mise en accusation ; et si l'on voulait établir une analogie quelconque, ce ne serait pas avec les formes extraordinaires de la loi du 9 septembre qu'il faudrait décider la question, mais bien avec les principes ordinaires de notre droit criminel.

Or, nous répétons que les principes ordinaires n'établissent aucun délai pour que la cour d'assises soit saisie des poursuites dirigées par le ministère public.

Quand nous disons que les principes ordinaires n'établissent aucun délai, peut-être pourrait-on objecter que la loi a accordé un délai de cinq jours à l'accusé pour se pourvoir contre l'arrêt qui le met en accusation. Mais comme la haute juridiction de la cour des pairs n'a au dessus d'elle aucune autre juridiction, comme le pourvoi en cassation ne peut jamais être accordé à l'accusé traduit devant la cour des pairs, la nécessité du délai de cinq jours n'existe plus, et il est évident que la loi qui l'exige devant les cours d'assises est ina pplicable devant vous. Nous dirons donc en résumé : La cour des pairs a été saisie, elle a procédé comme chambre d'accusation ; un délai suffisant a été accordé à l'accusé par l'ordonnance signifiée, portant que l'accusé serait traduit aujourd'hui devant vous ; nous requérons que, sans s'arrêter aux conclusions qui viennent d'être prises, il soit procédé à l'audition des témoins qui ont été assignés.

Me Charles Ledru.—Je serais fâché, Messieurs les pairs, que vous puissiez croire qu'il soit dans ma pensée d'incidenter dans cette affaire; mais je dois vous faire un aveu, c'est qu'après un travail que je puis dire consciencieux, après un travail de jour et de nuit, depuis l'instant où j'ai été chargé de la défense d'Alibaut, je me suis vu dans l'impossibilité physique de connaître toutes les pièces de ce débat.

Je dois ajouter qu'aujourd'ui même, avant d'entrer dans cette enceinte, je me suis rendu auprès d'Alibaut, et qu'il m'a remis dix-sept témoignages sur lesquels je n'ai pas même pu jeter les yeux.

Vous le dirai-je, Messieurs? pour vous montrer qu'elle est l'importance de la remise que je vous demande, le lendemain même du jour où j'ai reçu de M. le président l'avis que j'étais chargé de la défense de l'acusé, voyant que l'acte d'accusation ne se contentait pas d'énoncer, d'incriminer Alibaut relativement à l'attentat dont il est accusé, mais qu'on faisait entendre des témoins contre sa vie antérieure,, il m'a semblé utile de pouvoir faire entendre d'autres témoins qui répondissent à ces griefs.

M. le président, Messieurs, me fait observer que cela était impossible, que le délai que je demandais était trop long, et qu'on nepouv ait reculer le débat.

Je me suis, jusqu'à un certain point, rendu à ces raisons, qui cependant ne sont pas légales; mais ce que je demande, c'est que l'on s'en tienne au moins à la loi rigoureuse de septembre dernier, qui, contrairement à ce que pense M. le procureur-général, a établi une procédure tout-à-fait extraordinaire, une procédure d'urgence, une procédure nouvelle qui est de droit étroit et devant laquelle toutes les juridictions doivent nécessairement s'arrêter.

En effet, que dit donc la loi du 9 septembre? Pourquoi une assignation directe? Pourquoi un delai de dix jours sans arrêt de renvoi et sans acte d'accusation? Eh bien! c'est parceque la loi de septembre a établi une procédure d'urgence, parce qu'au lieu de jouir des délais ordinaires, l'accusé n'a que [dix jours pour se préparer.

Vous argumentez d'une loi antérieure qui a été détruite par une loi postérieure. Hé bien! Messieurs, je fais un dilemme auquel M. le procureur-général ne répondra pas. Ou c'est la loi postérieure que vous invoquez, et ce délai est de dix jours; ou c'est la loi antérieure, et nous avons un délai encore plus grand. Ce n'est pas trop, dans une accusation capitale, d'admettre un délai de dix jours pendant lequel l'accusé et ses conseils pourront examiner les charges.

Messieurs, on a parlé de précédens; je puis invoquer tous les vôtres. Je pourrais répondre à M. le procureur-général que, dans l'histoire du monde civilisé, il n'y a pas de procédure comme celle qui est aujourd'hui dirigée contre Alibaut.

Le procureur-général. — Cette insistance a lieu de nous étonner. En effet, vous connaissez tous, ét le défenseur a connu comme vous, l'accusation dirigée contre Louis Alibaut; et nousd ne comprenons pas qu'on vienne parler de la difficulté de présenter sa defense, lorsque les faits sont connus de nous depuis si long-temps.

Mais il ne s'agit pas ici, Messieurs, d'examiner la culpabilité. Un incident se présente, nous invoquons vos arrêts, nous demandons l'exécution de celui que vous avez rendu. Lorsque l'accusation vous a été soumise, vous avez examiné avec une religieuse attention, avec vos scrupules ordinaires, quels étaient ceux qui devaient être accordés; et lorsque l'arrêt de mise en accusation est venu décider que le jour serait fixé par le président, mais que seulement l'accusé serait informé trois jours à l'avance de celui des débats, nous ne concevons pas comment, en opposition manifeste avec une disposition si formelle de l'arrêt que vous avez rendu, on vienne se plaindre du jour auquel il faut comparaître, lorsque ce jour a été annoncé à l'accusé dès dimanche dernier, cinq jours avant l'ouverture des débats. Nous croyons qu'il ne peut y avoir de difficulté à écarter cet incident. Nous ne sommes pas effrayés d'ailleurs, Messieurs, du dilemme présenté par le défenseur. On vient nous demander que le délai ordinaire soit accordé à l'accusé; mais de quel délai veut-on parler? est-ce du délai pour l'instruction? mais la loi n'en fixe point, et à coup sûr on ne dira pas qu'une instruction ne puisse marcher plus ou moins rapidement, suivant que les charges sont plus ou moins longues à se développer et que les faits ont une précision, une clarté plus ou moins grande.

Quels sont donc les délais nécessaires ? ceux indiqués par le Code relativement à la mise en jugement après l'accusation? mais que l'on nous montre une disposition de loi qui défend de faire paraître un accusé à la cour d'assises cinq jours après la mise en accusation? Ce délai de cinq jours lui-même, nous l'avons déjà dit et nous le répétons, n'a point d'objet devant vous, puisqu'il est accordé pour le pourvoi en cassation, et qu'il n'y a pas lieu à se pourvoir contre vos arrêts. Le président, en fixant le jour de l'audience, n'a donc fait qu'user du droit que la loi lui conférait, que votre arrêt d'accusation, d'ailleurs, lui réservait expressément. Nous demandons, en conséquence, qu'il soit procédé de suite à l'audition des témoins. Nous pensons que, comme vous avez déjà prononcé, sous le point de vue de droit, sur la question qui vous est soumise aujourd'hui, en accordant à l'accusé un délai de trois jours au moins entre la notification qui lui serait faite du jour fixé par le préfet, et celui où il devrait comparaître devant la cour des pairs, on pourrait à la rigueur se dispenser de délibérer sur cet incident.

M. Charles Ledru. — Je demande pardon à la chambre d'insister. Il y a un tel oubli des principes dans ce qui vient de vous être présenté par M. le procureur-général, qu'il m'est impossible de laisser tablir sans contestation la théorie qui a été développée.

A quoi se borne la discussion de M. le procureur-général ? Il n'y a pas d'article dans le code qui défende de citer un prévenu cinq jours après la mise en accusation. Ce n'est pas là la question. La mise en accusation, ainsi que je l'avais dit à M. le procureur général, était précédée d'une longue procédure qui permettait nécessairement à l'accusé de faire entendre des dépositions en sa faveur. Cette procédure avait lieu avant l'ordonnance de la chambre du conseil ; des témoins contradictoires étaient entendus, et quand ces témoins avaient été entendus, intervenait l'ordonnance des premiers juges de la chambre du conseil.

Ce n'est pas tout, après cette première ordonnance, la cour royale examinait à son tour en chambre des mises en accusation. Elle rendait un arrêt qui pouvait être frappé d'appel er cassation par l'accusé.

Était-il besoin, en présence d'une pareille législation, de dire dans le code un non-sens, de dire qu'un individu ne pourrait pas comparaître plus tôt que cinq jours après cette procédure préliminaire ? Évidemment, Messieurs, il y a des choses qu'il ne faut pas mettre dans la loi, par ce que le bon sens les y met tout seul. Quand de toute nécessité un délai de six semaines était imparti à l'accusé, il était inutile de lui dire qu'il aurait au moins un délai de cinq jours.

Mais j'ai fait un dilemme auquel j'ai dit que M. le procureur-général ne répondrait pas, et auquel il n'a pas répondu en effet, parce qu'il n'y a pas de réponse possible. Ou bien c'est la loi antérieure, ou bien celle de septembre dont on invoque l'application, car il ne s'agit pas de parler de l'opinion publique. Elle a souvent réclamé des châtimens ; et je ne sais pas si les juges qui y ont obéi trop tôt n'ont pas regretté de lui avoir donné une trop rapide satisfaction.

On a parlé, Messieurs, de vos précédens ; je ne crois pas que l'on puisse en aire ici la moindre application.

Mon dilemme est invincible ; ce n'est pas avec des phrases que l'on peut se tirer d'un texte positif, que l'on peut marcher à pieds joints sur la loi. Eh bien ! il faut que la disposition qui dispense l'accusation d'observer le délai soit écrite, soit dans la loi de septembre, soit dans la loi antérieure. Or, elle ne s'y trouve pas. Je ne doute donc pas que pour votre propre honneur vous ne remettiez l'affaire à un jour plus reculé.

Le président.—La cour ordonne qu'il en sera délibéré; elle va passer dans la chambre du conseil.

(La cour, entrée à midi en chambre du conseil, reprend l'audience à une heure quarante minutes.)

Le président donne lecture de l'arrêt ;

ARRÊT.

« La cour ; vu les conclusions prises par le défenseur , ouï M. le procureur général en son réquisitoire et le défenseur en ses observations , et après en avoir délibéré ;

» Attendu que la loi du 9 septembre 1835 est uniquement relative à la citation devant la cour d'assises ;

» Attendu que l'art. 287 du code d'instruction criminelle, qui fixe un délai pour l'ouverture des débats après la mise en accusation, n'est pas applicable à la cour des pairs ;

« Attendu que le délai accordé à l'accusé est suffisant dans les circonstances présentes, ordonne qu'il soit passé outre aux débats. »

Me Charles Ledru.—Je prierai M. le président de faire entendre les témoins suivans, qui ont été entendus dans l'instruction.

Le président. Alibaud, levez-vous.

Le 25 juin dernier, à six heures un quart du soir, au moment où le roi, accompagné de la reine et de son S. A. R. Mme Adélaïde, venaient de monter en voiture pour se rendre à Neuilly, n'est-ce pas vous qui, placé dans la cour des Tuileries au coin du guichet qui donne entrée dans cette cour du côté du Pont-Royal, avez tiré presque à bout portant sur le roi un coup de feu dont la balle a été trouvée dans la voiture de sa majesté.

Alidaud. Oui, monsieur le président.

D. Quelle est l'arme qui vous a servi à commettre le crime dont vous venez de vous avouer coupable ?

R. Une canne-fusil.

(La canne-fusil est présentée à l'accusé).

D. Reconnaissez-vous cet arme saisie sur vous au moment de votre arrestation pour être celle avec laquelle vous avez voulu tuer le roi ?

R. Oui, M. le président.

D. Comment vous êtes-vous procuré cette canne ?

R. Par M. Devisme.

D. Voici une lettre du 10 février dernier dont il va vous être donné lecture. La reconnaissez-vous comme ayant été écrite par vous à M. Devisme ?

R. Je reconnais mon écriture.

M. Cauchy, greffier en chef, donne lecture de cette lettre :

LETTRE A M. DEVISMES.

« Monsieur Devismes,

» Mon ami Fraisse, porteur de la présente, vous remettra la boîte renfermant les cannes que vous m'avez confiées, moins une qui aura été volée dans un café, laquelle je vous paierai aussitôt que je le pourrai, ce qui ne sera pas long. C'est avec le plus vif regret que je renonce à la vente de ceux des articles que vous m'avez confiés. On ne peut prévoir l'adversité. La maison de commerce pour laquelle je voyageais ayant fait faillite, j'ignore ce que je serais devenu. Enfin, je suis placé dans une maison de gros, pour les écritures et faire la place. J'espère dans peu avoir le plaisir de vous voir, ainsi que de vous solder. Mon ami vous rendra compte de ma position antérieure.

BIBLIOTHÈQUE ROYALE

« Veuillez , je vous prie , présenter mes respects à votre femme et croire , etc.   ALIBAUD. »

D. Qu'elle était cet ami Fraisse?

R. Un ami de collége.

D. Connaissait-il le contenu de la lettre?

R. Je ne me le rappelle pas.

D. Cette arme que vous vous étiez procurée par des moyens que la probité désavoue, l'avez-vous essayée avant de commettre l'attentat sur la vie du roi?

R. Oui, Monsieur le président.

D. Dans quel lieu et dans quelle circonstance?

R. Dans un lieu où M. Devisme essaie ses propres armes. Il m'avait donné une carte pour cet essai; on me laissa tirer le coup.

D N'est-ce pas à la suite de l'un de ces essais que vous avez chargé Léonce Fraisse de la faire raccommoder?

R. Non, Monsieur.

D. Comment cette arme était-elle chargée le 25 juin?

R. Elle l'était depuis quinze jours à peu près.

D. Comment était-elle chargée?

R. Avec de la poudre et des balles.

D. Combien y avait-il de poudre?

R. 28 grains.

D. Et de balles?

R. Deux.

D. Comment vous êtes-vous procuré cette poudre et ces balles?

R. La poudre, je l'ai achetée chez un quincaillier, et les balles m'ont été données par M. Devismes.

D. Quelles relations aviez-vous avec M. Devisme depuis le jour où vous vous êtes présenté chez lui pour la première fois, et où vous avez cherché à capter sa confiance par un mensonge?

R. Des relations de commerce. Je devais être chargé comme commis négociant de vendre ses marchandises.

D. Saviez-vous si M. Devisme était de garde ce jour-là aux Tuileries?

R. Non; je fus fort étonné, après mon arrestation, de le trouver au poste.

D. Vous ne l'avez pas aperçu dans la cour ou dans le poste avant de tirer sur le roi?

R. Non, Monsieur le président.

D. L'on va vous présenter un poignard saisi sur vous au moment de votre arrestation; le reconnaissez-vous?

R. Oui, Monsieur le président.

D. A qui destiniez vous cette arme?

R. (Élevant la voix). Pour moi.

D. Comment vous l'étiez vous procurée?

R. En venant de Bordeaux à Paris.

D. A quel endroit.

R. Je ne saurais vous le dire; je crois que c'est à Châtellerault.

D. Combien vous a-il coûté?

R. De 5 à 6 francs.

D. Votre but, en commettant un si horrible attentat, n'était-il pas d'amener un bouleversement, et par suite l'établissement d'une république.

R. D'une voix forte et assurée. — Oui, Monsieur. (Mouvement).

R. C'est par conséquent là ce qui vous à fait concevoir la pensée d'arrêter la résolution d'attenter à la vie du roi?

D. Oui, Monsieur.

D. Combien de temps avez-vous nourri ce funeste projet.

R. Depuis que le Roi mit Paris en état de siége, qu'il voulut gouverner au lieu de régner; depuis qu'il a fait massacrer les citoyens dans les rues de Lyon et au cloître Saint-Méry. Son règne est un règne de sang, un règne infâme. J'ai voulu frapper le Roi. (Mouvement général).

D. Prenez garde, accusé! vous accroissez, s'il est possible de l'accroître, le crime dont vous vous êtes rendu coupable; vous y ajoutez un délit qui à lui seul est punissable et peut occasioner une poursuite.

D. A quelle époque et pour quels motifs avez-vous quitté le service ?

R. Il y a deux ans, parce que je ne voulais pas servir la cause de Philipe 1ᵉʳ.

D. Quand vous avez quitté le service, êtes-vous allé à Narbonne chez vos parens ?

R. Oui, Monsieur.

D. Vers la fin de 1834, vos parens, ayant quitté Narbonne, sont allés s'établir à Perpignan ; les y avez-vous suivis ?

Oui, M. le président.

D. A Perpignan, n'avez-vous pas été en relation avec un certain nombre de réfugiés de différentes nations qui se rendaient en Espagne, et n'êtes-vous pas parti vous-même pour Barcelone le 9 septembre 1835 ?

R. J'ai connu un ou deux de ces messieurs qui se rendaient en Espagne, et nous nous donnâmes rendez-vous pour nous retrouver à Barcelone.

D. Pour quel motif vous donniez-vous ce rendez-vous à Barcelone ?

R. Pour renverser le gouvernement de la reine Isabelle, chasser don Carlos, et établir la république en Espagne.

D. Qu'est-ce qui vous a fourni l'argent nécessaire pour ce voyage ?

R. C'est mon père.

D. N'en avez-vous demandé ni reçu d'autres personnes ?

R. Non, Monsieur, si ce n'est de ma mère.

D. Connaissiez-vous le sieur Corbière à Perpignan ?

R. Oui, Monsieur.

D. N'étiez-vous pas porteur, en vous rendant en Espagne, d'une lettre de recommandation de ce sieur Corbière pour un sieur Lamarca ?

R. Oui, Monsieur.

D. Quels étaient vos moyens d'existence pendant que vous étiez en Espagne ?

R. J'y suis resté bien peu de temps. Il y avait des personnes qui avaient été en pension chez mon père, et qui, ne l'ayant pas soldé, me nourrissaient à Barcelone.

D. N'avez-vous pas écrit de Barcelone à Corbière pour lui demander des secours? Celui-ci ne vous a-t-il pas autorisé à toucher 40 fr. chez un sieur Jean Dotti?

R. Je n'ai jamais demandé ni reçu de secours, mais il me devait de l'argent pour des travaux que j'avais faits pour lui : c'est à ce titre que j'ai reçu les 40 fr.

D. Combien de temps êtes-vous resté à Barcelone?

R. Je ne puis pas préciser le temps.

D. Qu'avez-vous fait dans cette ville?

R. J'y attendais l'arrivée du général Bigot, qui devait se mettre à la tête de la révolution; son corps devait faire boul^e de neige jusqu'à Madrid, où l'on devait proclamer la répu blique. (Sensation.)

D. Les réfugiés avec lesquels vous étiez en relation à Bar-celone ne s'occupaient-ils pas avec ardeur des affaires de France, en même temps qu'ils cherchaient à soulever l'Es-pagne?

R. Non, Monsieur.

D. N'avez-vous pas dit dans les réunions dont vous faisiez partie que quand un roi devenait embarrassant, il était toujours facile d'en délivrer le pays? Ne manifestiez-vous pas déjà l'intention de mettre en pratique cette abominable doc-trine?

R. Je ne pense pas avoir dit cela; je n'ai jamais tenu ce langage.

D. N'est-ce pas du moins à partir de cette époque que la résolution de tuer le roi a été irrévocablement arrêtée dans votre esprit?

R. Oui, Monsieur, à Barcelone même.

D. Quel est le motif qui a déterminé votre départ de Bar-celone?

R. C'était pour révolutionner l'Espagne.

D. Pourquoi avez-vous quitté Barcelone pour revenir en France?

R. (Elevant la voix.) Pour tuer le roi. (Mouvement.)

D. N'avez-vous pas été en rapport à Perpignan, soit avant, soit après votre départ pour l'Espagne, avec des sociétés d'hommes qui s'occupaient activement de réunir en armes soit dans les villes, soit dans les campagnes, un certain nombre d'adhérens?

R. Jamais je n'ai fait partie d'aucune société politique.

D. N'avez-vous pas du moins fait des démarches auprès de quelques personnes pour être admis dans des sociétés politiques?

R. Non, Monsieur.

D. Ne vous êtes-vous pas adressé dans cette intention à un sieur Artus?

R. Quand j'ai été en rapport avec le sieur Artus, les sociétés n'existaient plus; il eût été bien inutile de m'adresser à lui pour en faire partie.

D. Vous avez dit en parlant de Perpignan que vous alliez à Bordeaux; y êtes-vous allé en effet?

R. Oui.

D. N'avez-vous pas dit que vous y alliez pour y chercher de l'emploi, des secours chez un négociant?

R. C'était pour donner le change aux personnes qui auraient pu soupçonner le motif de mon départ pour Paris.

D. Combien de temps vous êtes-vous arrêté à Bordeaux?

R. Deux ou trois jours.

D. Quel jour êtes-vous arrivé à Paris?

R. Je ne pourrais bien précisément vous le dire. On pourrait le voir par l'hôtel où je suis descendu.

D. N'avez vous pas été après deux ou trois jours loger chez un sieur Morin?

R. Oui, Monsieur.

D. Quelles étaient vos occupations journalières?

R. Je suivais le roi.

D. Vous ne faisiez rien autre chose chez Morin?

R. Non, Monsieur.

D. N'est-ce pas en sortant de chez lui, qu'après avoir passé plusieurs jours dans le dénûment le plus absolu, vous avez été recueilli par Léon Fraisse ?

R. Oui Monsieur.

D. Combien aviez-vous d'argent en arrivant à Paris ?

R. 90 fr.

D. Et en partant de Perpignan ?

R. 250 fr.

D. Doù vous venait cet argent ?

R. Je l'avais apporté de Barcelone... Puis mes parens m'avaient donné de l'argent.

D. Pendant le temps que vous avez passé chez Léon Fraisse, chez la demoiselle Duperty où Fraisse aîné vous avait trouvé un emploi, et enfin chez le marchand de vins Batisa, avez vous continué à suivre le roi dans l'intention de commettre un attentat sur sa personne?

R. Non, Monsieur.

D. Aviez-vous donc alors renoncé à vos funestes projets?

R. Non, Monsieur ; j'attendais une occasion plus favorable.

D. Quels motifs vous ont porté à sortir de chez Batisa, où vous gagniez de quoi vivre, et où surtout vous aviez des occupations qui exigeaient un travail assidu et qui auraient pu vous distraire de vos funestes pensées ?

R. C'est qu'il m'a renvoyé.

D. N'est-ce pas en sortant de chez Batisa que vous avez été vous loger rue des Marais-Saint-Germain, chez le sieur Froment?

R. Oui, Monsieur.

D. Cette maison n'est-elle pas la dernière de celles que vous avez successivement habitées depuis votre arrivée à Paris?

R. Oui, Monsieur.

D. Quels étaient vos moyens d'existence quand vous êtes sorti de chez Batisa,

R. J'avais reçu de M. Batisa 15 ou 16 francs qu'il me devait.

D. Vous n'aviez pas là de quoi vivre un mois. Comment avez-vous fait?

R. J'ai été pendant vingt jours dans la pension de M. Dubois.

D. Comment avez-vous pu être reçu dans cette pension, si vous n'aviez pas d'argent?

R. M. Dubois n'était pas inquiet sur moi, je mangeais chez lui.

D. Par qui aviez-vous été présenté au sieur Dubois?

R. Par le nommé Dargence.

D. Quel a été l'emploi de votre temps depuis que vous êtes sorti de chez Batisa.

R. J'ai suivi le roi.

D. Quels jeunes gens de votre âge fréquentiez-vous?

R. Je ne fréquentais que les jeunes gens qui mangeaient avec moi à la même pension.

D. Quel a été l'emploi de votre journée du 25 juin?

R. A neuf heures et demie je suis sorti, et j'ai lu le journal. J'ai déjeuné à dix heures. Je suis sorti de la pension à onze heures. Je me suis dirigé du côté du Louvre. J'ai vu arriver le roi à midi. Je suis revenu chez moi, j'ai déposé ma canne. J'ai été au café, j'y suis resté jusqu'à quatre heures. Du café je suis revenu du côté des Tuileries..... Vous savez le reste.

D. Etiez-vous seul dans la cour des Tuileries au moment de l'attentat? Etiez-vous livré à vous-même ou bien la présence, sur le théâtre de l'attentat, d'autres personnages initiées à vos projets soutenait-elle votre affreux courage?

R. Non Monsieur, j'étais seul. Tout le monde ignorait mon intention.

D. Ainsi vous n'avez aucun complice?

R. Aucun.

D. Si vous n'aviez point de complices de fait, n'y avait-il pas des personnes auxquelles vous aviez confié, soit de vive voix, soit par écrit, vos projets?

R. Jamais personne n'a reçu confidence de mes projets.

D. Qu o ! vous ôsez dire que vous n'ave pas écrit au moins quatre lettres dans lesquelles vous faites confidence à quelqu'un de vos projets? Ces lettres n'étaient pas adressées à Corbière sous le couvert d'Artus depuis votre départ de Perpignan ?

R. Si M. Corbière l'a avoué, je suis bien forcé de l'avouer aussi.

D. Pourquoi aviez-vous choisi Corbière pour votre confident d'une manière aussi déterminée?

R. J'avais jugé à propos de lui faire connaître mes intentions.

D. Avez vous eu quelque réponse de lui?

R. Jamais.

D. Vous supposiez au moins que Corbière devait recevoir avec satisfaction une telle annonce?

R. Non pas, Monsieur.

D. Combien de lettres lui avez vous écrites.

R. Trois ou quatre.

D. Vous rappelez-vous les termes de ces lettres?

R. Non, Monsieur. Tout ce que je me rappelle, c'est que je les adressais sous le couvert de M. Artus, parce que Corbière ayant été dans les affaires d'avril, je craignais de le compromettre en m'adressant à lui directement.

D. En partant de Perpignan, aviez-vous obtenu de Corbière la permission de lui écrire?

R. Oui, Monsieur. Je l'avais obtenue très difficilement.

D. Avez-vous d'autres aveux, d'autres déclarations à faire?

D. Non, Monsieur.

D. Dans l'horrible situation où vous place le crime dont vous vous avouez coupable, et qui doit couvrir votre nom d'exécration, pensez cependant que s'il y a quelque moyen d'adoucir l'horreur que vous inspirez, ce moyen, c'est par quelques expressions de repentir; c'est surtout par un sincère aveu de tous les moyens que vous avez employés, de tous les engagemens que vous avez pu prendre.

R: J'avais la conviction de ce que je faisais. . . . . . (Baissant la voix.) Je crois avoir déjà exposé mes convictions à cet égard.

R. Asseyez-vous... Qu'on fasse entrer le premier témoin.

DÉPOSITIONS DES TÉMOINS.

M. Louis Bachelier, âgé de trente-cinq ans, propriétaire, rue de Provence, 2.

Le président.—N'étiez-vous pas de garde le 25 juin au poste du drapeau.

Le témoin.—J'étais en faction à la grille de l'arc de triomphe, de cinq à sept.

D. Un jeune homme n'est-il pas venu lier conversation avec vous? Expliquez ce qui s'est passé entre vous.

R. J'étais en faction depuis une demi-heure, trois quarts d'heure, lorsqu'un jeune homme est venu m'adresser la parole. Il regardait l'arc de triomphe. Il me dit : « Ce monument est magnifique Savez-vous qui l'a construit? » Je lui répondis qu'il avait été construit sous le règne de l'empereur. Sur cette réponse Alibaud me fit remarquer que tout ce qui avait été construit sous ce règne se ressentait de la grandeur et de la noblesse de cet homme.

Je ne relevai pas cette remarque. Nous remarquâmes ensemble plusieurs dégradations faites au monument. Nous pensâmes l'un et l'autre, ou du moins je pensai qu'elles étaient la suite des balles de Juillet. La conversation était de peu d'importance; elle en resta là. Elle fut reprise par Alibaud, qui me sembla s'intéresser au sort des gardes nationaux obligés de faire un service militaire. Il me dit qu'il était plus que personne à même d'apprécier le dérangement, l'ennui de service, parce qu'il avait été militaire. Notre conversation tomba encore. Je ne cherchais ni à l'éviter, ni à la faire causer. Il me demanda mon opinion sur les casques en cuir des soldats de la ligne. Je lui répondis que c'était une occasion de dépenses, une manière de dépenser de l'argent inutilement.

D. Il ne vous dit rien qui pût faire présumer le projet de son attentat?

R. Aucunement. Il me fit l'effet d'un jeune homme qui a quelques instans à passer, et qui cherche à intéresser à son sort, et qui n'est pas fâché de causer quelques instans avec quelqu'un. En examinant sa toilette, qui n'était pas très recherchée, je pensai que c'était un jeune étudiant en position de réclamer quelques secours.

Alibaud, vivement. — Jamais peut-être je ne vous ai parlé en ce sens.

Le témoin. — Je ne dis pas que vous m'en avez parlé. Je me suis laissé aller à causer avec vous par suite d'un sentiment de bienveillance qui me portait à vous être agréable.

Lorsque six heures un quart sont arrivées, Alibaud m'a dit qu'il attendait un ami entre cinq heures et demie et six heures ; qu'il s'en allait, puisque celui-ci ne venait pas. Là-dessus il m'a salué très poliment, et est entré dans la cour d'honneur, par la grille où j'étais en faction. Ce fut alors que je vis qu'il avait une canne ; elle me sembla toute neuve ; elle luisait au soleil.

Le roi allait monter en voiture ; il se dirigea du côté du pavillon de Flore. Lorsque j'entendis l'explosion, je fus frappé d'étonnement. Je dis au soldat de la ligne : «Gardez-moi mon fusil, tenez ; je veux voir ce qui se passe là-bas. » (On rit.) Dam ! moi, Messieurs, je vous dis la vérité.

Le président, à l'accusé. — Avez-vous quelques questions à adresser au témoin ? (Alibaud fait un signe négatif.)

M. Salome (Théodore-Benjamin), rentier, demeurant à Paris, âgé de trente-huit ans, deuxième témoin. — J'étais le 25 juin, à six heures du soir, en faction aux armes aux Tuileries. J'étais près du commandant de l'escorte qui devait accompagner Sa Majesté, lorsqu'on vint annoncer que le roi allait monter en voiture. Le sergent de ville qui était de service pour faire rendre au roi les honneurs qui lui sont dus, vint en prévenir le commandant du poste. Il y avait fort peu de monde au poste. Alors le commandant plaça tous ses hommes sur une ligne, et, pour dissimuler leur petit nombre, il m'engagea, moi fonctionnaire, à reculer de quelques pas. Cet ordre fut exécuté, et au même moment le roi monta en voiture. Quand la voiture fut près de dépasser le guichet, je sentis sur ma gauche, en présentant les armes, le mouvement d'un groupe qui se composait, je crois, de deux dames, d'un Algérien, d'un adjudant du château et de deux jeunes gens. La voiture du roi passait dans le guichet lorsqu'un garde national, voulant éviter de se trouver entre la voiture et le guichet, recula; je fis le même mouvement. En cet instant la détonnation d'une arme à feu se fit entendre. Je me jetai sur l'individu qui en était coupable. Plusieurs de mes camarades se joignirent à moi, et nous l'entraînâmes au poste. A sept heures je fus placé en faction près de la porte de la chambre du capitaine, où on avait conduit le coupable.

Le président. — Alibaud, vous n'avez pas de questions à adresser au témoin?

Alibaud. — Non M. le président.

Le témoin se retire.

M. Dupont (Joachim-François), âgé de quarante ans, lieutenant-sous-adjudant au palais des Tuileries, demeurant rue de Chartres, n. 11.

J'avais accompagné S. M. dans sa visite au Musée du Louvre. En revenant, vers la troisième galerie, le roi ordonna de faire avancer sa voiture. J'exécutai cet ordre, et prévins le poste pour qu'il rendît les honneurs militaires. Ensuite je dis à un surveillant de se placer au côté gauche de la voiture du roi; moi-même je devais être au côté droit. Le roi monta en voiture. Alors j'allai me mettre près du guichet, et je priai le public de démasquer le poste qui allait rendre les honneurs militaires. En ce moment, j'entendis une détonnation qui me parut être celle d'un petit pistolet. Je me retournai brusquement, et je saisis l'auteur par les cheveux. Quelqu personnes vinrent à mon secours, ce furent M. Blaiseau, garde national, et M. Contat, valet-de-chambre du roi. Nous le conduisîmes au poste avec l'assistance de la force armée.

Quand nous fûmes arrivés dans la chambre, je lui fis une question ; je lui demandai si le poignard qu'il portait était destiné à frapper la personne qui l'arrêterait. Il me répondit : Non, c'était pour moi-même. Puis il ajouta : Je vous donne bien du mal, mais que voulez-vous?

M. Contat (François-Louis-Pierre). Valet-de-chambre du roi, demeurant à Paris, rue Saint-Thomas-du-Louvre.|

Le 25 du mois dernier, j'étais de service aux appartemens du roi ; je reçus l'ordre de prévenir MM. les aides-de-camp de service que le roi allait monter en voiture. Je me transportai au salon de service; ces messieurs n'y étaient. pas Je les vis dans l'autre pièce, et déjà le roi se mettait en marche pour aller jusqu'à sa voiture. Sa Majesté y monta, et quand après avoir fait le circuit d'ordinaire, la voiture fut arrivé au guichet, une explosion se fit entendre. Je ne sus d'abord si c'était la détonnation d'un fusil ou d'un pistolet. Je me précipitai vers l'escorte. Là, je vis M. Dupont qui tenait un homme par les cheveux. Je m'élançai près de M. Dupont pour lui aider à arrêter l'assassin, et nous le conduisîmes au poste. Là, je fis la réflexion qu'il avait sans doute des armes, soit pour se frapper lui-même, soit pour frapper ceux qui l'arrêteraient; je le fouillai; mais je ne trouvai sur lui que des choses insignifiantes, des gants, une pipe, de l'argent, 21 sous, et un peu de tabac à fumer.

D. Vous n'avez pas remarqué s'il avait un poignard?

R. J'ai vu ce poignard, mais il était déjà hors de sa poche; on le lui avait saisi.

Le témoin Delaborde, lieutenant au 5⁰ hussards. — Je commandais l'escorte de cavalerie qui accompagnait le roi à Neuilly. Je me trouvais en cette qualité à la portière de droite de la voiture. Lorsque la voiture arriva sous le guichet, je fus obligé, à cause du peu de largeur de ce guichet, de me tenir en arrière, J'entendis une explosion assez faible, je me portai à l'instant sur l'homme qui avait tiré, et ensuite j'allai près du roi, qui me demanda si j'avais entendu le coup qu'on avait tiré sur lui:

je lui répondis que oui, et que l'homme était arrêté et en bonnes mains. Le roi dit alors au cocher de partir, je répétai cet ordre que le cocher n'avait pas entendu. J'ai vu un chapeau placé entre deux colonnes plates, et le lieutenant Dupont prendre ce chapeau des mains d'un sergent de ville, et le mettre sur la figure de l'accusé.

D. N'avez-vous pas vu la bourre ou une partie de la bourre dans les cheveux du roi?

R. Oui, Monsieur.

Beau, juge au tribunal de commerce. — J'étais entré dans la cour du Carrousel pour me rendre rue du Bac, au moment où je traversais l'arc de triomphe. Je vis les escortes monter à cheval, et je pensai que c'était pour se retirer, les voitures arrivèrent et allèrent se placer devant la porte qui conduit aux appartemens du roi. Je me trouvais à droite du cocher, au moment où la voiture allait passer, ayant ma nièce à mon bras gauche, et madame Beau à ma droite.

L'officier de service nous pria de nous éloigner un peu pour démasquer la garde nationale. Nous nous retirâmes plus près du mur. L'accusé se trouvant devant ma nièce, comme elle désirait voir passer le roi, je la fis passer à l'extrémité gauche, et ma tête se trouva au dessus de l'épaule droite de l'accusé. Je le vis diriger une canne vers le roi; un sentiment d'indignation me le fit prendre au collet; j'eus une seconde surprise quand j'entendis une détonnation. Je tenais l'accusé; le surveillant, un garde national et une autre personne se jetèrent sur lui, le saisirent et l'emmenèrent au poste; je l'accompagnai jusque-là, et voyant qu'il était bien arrêté, je retournai auprès de mes deux dames, qui étaient dans une épouvante assez grande. Je les priai instamment de rentrer chez elles, je ne pus l'obtenir d'elles. Je leur dis qu'il fallait que je retournasse au poste, parce que n'ayant pas vu la figure de l'assassin, je voulais le voir pour être à même de le reconnaître. M. de Laborde me fit entrer dans le poste, où je trouvai M. Attalin qui me demanda mon nom; n'ayant pas de carte, je le lui donnai sur un petit morceau de papier. Il me pria d'attendre M. Thiers, qui allait venir; je lui répondis que j'étais avec des dames qui étaient fort effrayées ; qu'on avait mon nom, et qu'on me trouverait lorsqu'on aurait besoin de renseignemens, que je serais toujours prêt à en donner.

Le témoin Petit, marchand de nouveautés. — Le 25 juin dernier, je me trouvais chez madame Provost, au pavillon de Flore, je descendis de chez elle vers six heures. Je vis arriver les deux voitures qui devaien t conduire le roi. J'étais sous le guichet avec d'autres personnes : à peine avions-nous démasqué le front de la garde nationale, que le roi passa. J'ôtai mon chapeau, et je criai : Vive le roi ! Au même moment je me sentis toucher de quelque chose de froid à la joue ; je reçus une détonnation dans l'oreille. Quoique cette détonnation ne fût pas bien forte, j'en fus un peu étourdi. Mon premier mouvement fut de mettre la main sur l'assassin. Dans l'instant même il fut entouré par plusieurs personnes qui le saisirent au collet ou par les cheveux et l'emmenèrent au poste du drapeau. Un ordre vint d'évacuer le poste et je me retirai.

Je ferai observer que le service s'est fait avec beaucoup de négligence ce jour-là. (Légère rumeur dans l'assemblée.)

M. le président. — Parlez ! dites ce que vous avez à dire à la cour.

Le témoin. — Pas un adjudant ne se trouvait de ce côté-là. Nous étions très peu de monde : un seul se serait trouvé là, je défie que le moindre mouvement suspect eût pu se faire. Notez que j'avais deux paquets sous mon bras, ces deux paquets pouvaient contenir quelque chose de malveillant, une machine infernale, n'importe quoi ; rien ne m'eût été plus facile que de jeter ces paquets dans la voiture du Roi. Eh bien, je restai là comme un autre ; je fus obligé, le lendemain, d'en faire des reproches chez le concierge, en montant chez madame Provost. Ce n'est pas dans l'intention de nuire à personne, mais cela pourra servir pour l'avenir.

On introduit le témoin Devisme (Louis-François), âgé de

trente ans, arquebusier, demeurant à Paris, rue du Helder, n° 12.

M. le président. — Connaissez-vous l'accusé ici présent ?

R. Oui.

D. N'étiez-vous pas aux Tuileries, au poste du drapeau, le 25 juin dernier ?

R. Oui.

D. N'est-ce pas vous qui, en votre qualité de sergent, commandiez, en l'absence des officiers, le poste au moment où il a pris les armes pour rendre les honneurs au roi ?

R. Oui.

D. Dites ce que vous savez relativement aux faits dont vous avez été témoin dans cette circonstance.

Le témoin Devisme. — Les officiers étaient allés dîner ; je commandais le poste ; j'en fis sortir les hommes un instant avant le départ du roi. Le peloton se forma sur un seul rang ; je me plaçai à la droite et fis présenter les armes. La voiture du roi s'avançait. Mes yeux se portant derrière le peloton, j'aperçus Alibaud qui posait son chapeau sur la rampe, entre les deux colonnes plates du guichet ; je le reconnus parfaitement, mais je n'avais encore aucun soupçon de ce qu'il allait faire. La voiture du roi s'avançant sous le guichet, je vis Alibaud faire un mouvement qui me parut être celui d'armer l'une de ces cannes-fusil. En le voyant lever cette canne, je fus frappé comme d'un coup de foudre ; je devinai ce qu'il allait faire ; je me précipitai vers lui ; mais placé à dix pas, j'arrivai trop tard ; le coup partait, je reçus immédiatement la détonnation. Je lui frappai sur le bras ; je crois que c'est cette secousse qui fit tomber la canne par terre. En un clin-d'œil Alibaud fut entouré ; dix personnes tombèrent sur lui en même temps que moi ; il y eut un moment de confusion ; Alibaud fut entraîné au poste. J'étais extrêmement ému ; il me serait impossible de préciser ce qui s'est passé.

D. N'est-ce pas vous qui l'avez reconnu ?

R. Oui ; je m'écriai : Je le connais ! mais j'étais tellement trouble, que je ne pouvais retrouver son nom. Les officiers avertis sont accourus. Je dis au capitaine et au commandant : Je le connais, c'est moi qui ai fait la canne! On m'entoura, on chercha à me calmer. Je répétais toujours : Je le connais ; il s'est présenté chez moi, il y a trois à quatre mois, comme commis-voyageur.

D. Il résulte de votre déposition que vous connaissiez Alibaud d'une manière très positive. Expliquez comment vous l'avez connu ? R. Vers la fin de novembre, je crois, Alibaud se présenta chez moi ; j'étais absent ; il revint le lendemain et me fit des offres de services comme commis-voyageur. Je le pris, à ses manières, pour un commis-voyageur consommé. Il me montra son passe-port, me donna son adresse. Je lui dis de repasser, que j'y réfléchirais, que j'avais besoin d'un commis-voyageur. Quelques jours après, il revint, me demanda à voir des armes, il paraissait s'y connaître. Il s'attacha à mes fusils-cannes ; il me dit : c'est un objet de fantaisie dont je pourrai trouver un grand placement en province, confiez-moi des échantillons ; donnez-moi une de ces cannes pour que j'aille l'essayer. Il voulut m'en déposer le montant ; je ne le voulus pas. Je dois dire qu'à sa manière de se présenter chez moi, j'ai pris en lui assez de confiance pour lui prêter une canne. Il alla l'essayer, et dans l'après-midi, il me la rapporta crevée. Il avoua avoir mis plusieurs charges dans la canne, afin de s'assurer de la solidité du canon ; car, disait-il, quand un commis-voyageur offre un article, il faut qu'il puisse en répondre. Ensuite, Alibaud me demanda quand il devait revenir pour s'entendre avec moi sur les prix et les échantillons. Je lui dis : Je vais préparer les échantillons, revenez dans quelques jours, sur les dix heures, à l'heure de mon déjeûner ; en déjeûnant nous réglerons les prix. Alibaud revint ; nous nous entendîmes sur les prix ; je lui accordai, je crois, cinq pour cent de bénéfice. En lui remettant la note de mes prix, je lui dis : 'Tous les échantillons ne sont pas encore prêts. Il serait bon de faire ensemble des essais, car il ne faut pas que vous paraissiez emprunté devant les personnes, en faisant l'article. Les échantillons étant prêts, nous sommes allés les essayer ensemble.

Après ces essais, je lui confiai des échantillons, placés dans une petite boîte en bois à quatre cases et fermée avec un cadenas.

Je n'entendis plus parler de lui. Cependant, il m'écrivit une lettre, dans laquelle il me disait qu'il était malade. Je n'ai pas conservé cette lettre. Quinze jours se passèrent encore sans que j'entendisse parler de lui. Un soir, je montai à sa chambre, je frappai à sa porte, il me dit qu'il était couché. Je crois qu'il m'aurait ouvert si j'avais voulu insister. Je n'insistai pas, je lui demandai s'il partirait bientôt. Il me dit qu'il irait me voir, mais il ne vint pas. Il me renvoya ma caisse d'échantillons avec une lettre qui, je crois, est entre vos mains (On présente la lettre au témoin, qui la reconnaît). Il manquait une canne dans la caisse ; je ne me rappelle pas bien les termes de la lettre ; mais je crois qu'Alibaud me disait que la canne manquante lui avait été prise dans un café, et qu'il me la paierait aussitôt qu'il serait placé, qu'il aurait de l'argent. Je le revis un jour dans la rue de Cléry ; je lui demandai dans quelle position il se trouvait ; il me dit qu'on lui promettait une place, et que, dès qu'il l'aurait, il viendrait me payer ma canne ; je ne l'ai plus revu que le 25 juin.

(On présente la canne-fusil au témoin ; il la reconnaît pour être celle qu'il a livrée à Alibaud.

D. N'avez-vous pas promis à Alibaud une cravache-pistolet? R. Oui, il y avait dans la caisse trois cannes : une canne couverte en bois, à soufflet, une canne à bouton, couverte en cuivre, une petite canne à détente (c'est celle-là qu'il a gardée), et une cravache-pistolet.

D. N'avez-vous pas remis des cartouches à Alibaud?

R. Je lui ai remis deux cents cartouches avec les échantillons. Je crois qu'il me les a rendues.

D. N'en a-t-il pas gardé?

R. Je ne me le rappelle pas.

D. Ne lui en avez vous pas fourni pour faire des essais?

R. Oui, une douzaine.

Le président. —Témoin Devisme, je ne veux pas aggraver votre position; je sais tout ce qu'elle a de pénible. D'honorables témoignages vous sont rendus. Cependant, vous devez comprendre quelle grave responsabilité vous avez encourue, en enfreignant la loi qui défend de fabriquer certaines armes et de les vendre à des individus. Vous avez, par cette double infraction, fait courir à la France un des plus grands dangers qu'elle puisse courir. Vous devez avoir un bien profond repentir. Vous devez servir d'exemple et de leçon à tous les citoyens pour le respect qu'ils doivent aux lois. Il est possible, d'ailleurs, que vous ayez encore à répondre à la justice de ce fait que je signale à regret.

Devisme. —Je n'ai pas cru commettre un délit. Je fabriquais ces cannes très ouvertement; je les avais fait annoncer par les journaux. J'avais même pour moi un jugement qui déclarait que mes cannes n'étaient pas une arme prohibée par la loi. Je croyais donc avoir le droit de les fabriquer et de les vendre.

Le président. — Vous vous justifierez devant la justice.

Devismes.—Je tenais aussi à me justifier devant vous. J'ai un jugement qui prouve que cette arme n'était point prohibée.

Le président. —Alibaud avez-vous quelque question à adresser au témoin ?

Alibaud.—Je ferai remarquer que j'ai renvoyé la caisse des échantillons, deux mois après.

Devisme.—J'ai pu me tromper. Votre première visite remonte au commencement de décembre, et vous m'avez renvoyé la caisse le 17 février.

Le procureur-général.—Le témoin Petit annonce qu'il a quelque chose à ajouter à sa déposition.

Le témoin Petit.—Dans le moment où Alibaud était conduit au poste, j'ai vu un monsieur ramasser une canne en bambou, noire, recourbée ; elle a été remise au poste.

(L'accusé déclare qu'il n'avait qu'une canne.)

Frichat (Jules-Adolphe), quincaillier, demeurant rue Dauphine, n° 59.

D. N'avez-vous pas vendu à un individu un petit paquet de poudre de deux onces, dont il vous a dit qu'il avait besoin pour faire un essai, et ne l'avez-vous pas repris moyennant une perte de 10 sous sur un prix d'achat de 1 fr. 75 centimes ?

R. Oui.

D. Vous rappelez-vous le signalement de cet individu ?

R. Il avait une figure pas très douce, et portait de la barbe dans le menton.

D. Reconnaissez-vous cet individu dans l'accusé ici présent ?

R. Oui.

Maurice (Jacques), âgé de cinquante-deux ans, maître d'hôtel garni, demeurant à Paris, rue de Valois Batave, n° 5, reconnaît l'accusé pour l'avoir logé pendant deux mois; il est entré chez lui au mois de novembre, et il en est sorti au mois de janvier.

D. Pouvez-vous donner des renseignemens sur ses habitudes, ses moyens d'existence, l'emploi de son temps et son train de vie?

R. Je sais qu'il n'était pas heureux; il me devait 20 fr. Quelques jours avant de me quitter, il demanda au portier du charbon et une main de papier. Le portier m'en prévint; je soupçonnai que ce pouvait être pour s'asphyxier; je défendis de lui donner ce charbon, et je le fis prier de monter chez moi. Je lui demandai dans quel but il voulait avoir du charbon, il m'avoua que c'était pour s'asphyxier. Je l'engageai à renoncer à ce projet.

N'avez-vous pas fait d'autres remarques?

R. Non.

D. Recevait-il de nombreuses visites?

R. Je ne le sais pas.

D. Avez-vous remarqué qu'il eût des opinions politiques exaltées, violentes? R. Non.

D. Combien lui coûtaient son logement et sa nourriture? R. Son logement chez moi lui coûtait vingt francs; et pour sa nourriture il s'arrangeait avec le portier.

D. Payait-il exactement? R. Je ne le pense pas; car il me devait 20 francs quand il est sorti de chez moi.

D. Avez-vous remarqué qu'il sortît avec une canne? R. Non, car je ne me mêlais pas des détails de mon hôtel, je laissais ce soin à mon portier.

D. Alibaud, est-il vrai que vous avez demandé du charbon pour vous asphyxier? R. Oui.

M. le procureur-général.—Vous aviez donc renoncé à vos projets? R. Je voyais que je ne pouvais pas réussir.

Lecoule (Jean), concierge, demeurant à Paris, rue de Grenelle-Saint-Honoré, n. 59, connaît l'accusé pour avoir logé à l'hôtel.

D. Pendant le temps qu'il a logé à l'hôtel avez-vous eu des rapports fréquens avec lui? R. Non; il prenait sa nourriture chez moi; mais du reste, je ne savais pas ce qu'il faisait.

D. Combien dépensait-il par jour? R. Deux francs.

D. Vous a-t-il payé exactement? R. Il m'a payé le premier mois, mais il me devait le deuxième.

D. Avez-vous remarqué des armes dans sa chambre? R. Jamais.

D. N'avez-vous pas vu chez lui une caisse de bois blanc, large de six pouces et longue de deux pieds, qui était toujours fermée d'un cadenas? R. Oui.

Le témoin reconnaît la boîte qui lui est représentée pour être celle qu'il a vue dans la chambre de l'accusé.

D. L'accusé vous a-t-il parlé de ses projets de suicide? R. Il m'a demandé du charbon pendant le deuxième mois qu'il était à l'hôtel. Je ne le lui donnai pas, pensant qu'il voulait s'asphyxier, parce que plusieurs fois il m'avait dit que la vie lui était à charge.

D. Avez-vous remarqué qu'il sortît habituellement avec une canne? R. Non.

D. Saviez-vous ce que contenait la petite caisse qui se trouvait dans sa chambre? R. Non.

Le procureur général.—Combien vous devait Alibaud? R. 75 fr. pour lesquels il m'a fait un billet fin juillet.

Le procureur-général.—Alibaud, pourquoi avez-vous fait votre bon à cette échéance ?

Alibaud.—Parce que je savais que je n'irais pas jusque-là.

Le procureur-général. C'était donc pour ne pas le payer ?

Alibaud.—J'avais mes parens qui l'eussent payé.

Batisa (Antoine), marchand de vins en gros, demeurant à Paris, rue Saint-Sauveur, n. 12, reconnaît l'accusé.

D. Ne l'avez-vous pas employé comme commis ?

R. Oui.

D. Combien gagnait-il chez vous ?

R. 400 fr. par an, la table et le logement.

D. Pouvez-vous donner quelques renseignemens sur les habitudes de l'accusé, l'emploi de son temps et le train de vie qu'il menait ?

R. La seule chose que j'ai eue à lui reprocher, était ses absences très longues, quand je lui faisais faire des courses ; à part cela, je n'avais pas à m'en plaindre ; son travail était suffisamment bien fait.

D. Recevait-il de nombreuses visites, et quelles étaient ces visites ?

R. Je n'ai vu que Fraisse venir le voir, et quand il était à travailler, je n'entrais pas dans le bureau ; quelquefois Alibaud montait avec lui dans sa chambre ; je n'allais pas voir ce qu'ils faisaient.

D. Avez-vous remarqué quelles étaient les opinions politiques de l'accusé ?

R. Non ; seulement j'ai appris qu'il avait eu une discussion politique dans le bureau, mais moi-même je ne l'ai jamais entendu manifester son opinion.

D. Vous a-t-il quitté volontairement?

R. Je l'ai remercié.

D. Avez-vous remarqué qu'il sortît avec une canne?

R. Je n'ai jamais fait cette remarque.

Manoury (Jean-Baptiste), garçon marchand de vins chez M. Batisa, rue Saint-Sauveur, n. 12, à Paris.

D. N'avez-vous pas eu de fréquens rapports avec l'accusé pendant qu'il était employé chez Batisa?

R. Nous avons quelquefois causé ensemble.

D. Pouvez-vous donner quelques renseignemens sur ses habitudes, l'emploi de son temps et ses opinions politiques?

R. Il travaillait à la maison comme commis.

D. Est-ce là tout ce que vous savez? Lui faisait-on beaucoup de visites?

R. Quelqu'un venait le demander quelquefois.

D. Avez-vous eu occasion de connaître ses opinions politiques?

R. Je crois qu'il m'a dit une fois qu'il était républicain.

D. N'a-t-il pas un jour, en votre présence, pris la défense de Fieschi?

R. Un jour, je crois, j'avais dit que Fieschi était un scélérat, et il m'a dit que j'étais un imbécile, que je ne savais pas ce que je disais.

Alibaud. —Le témoin se trompe ; je n'ai jamais tenu ce langage.

M. le président au témoin. — Pour quel motif l'accusé est-il sorti de chez Batisa?

R. Je ne sais, je crois que M. Batisa l'a renvoyé.

Avez-vous remarqué qu'il sortait avec une canne?

R. Non, je ne m'en suis pas aperçu.

D. N'avez-vous pas remarqué qu'il était souvent préoccupé?

R. Je ne remarquais pas cela.

D. Cependant vous avez dit que, sur une observation que vous lui aviez faite, il avait répondu : « Quand j'ai mes idées dans la tête, je ne pense pas à cela. »

R. En effet, je lui avais fait observer qu'il avait oublié de fermer la porte du magasin ; il me répondit quand j'ai quelque chose dans la tête, je ne pense à ces choses-là.

Me Ledru. — Je prie M. le président de faire rappeler le témoin Recoule, à qui je désirerais qu'il adressât une question.

Le témoin Recoule est rappelé.

Me Ledru. — Je prie M. le président de demander au témoin si Alibaud, après être sorti de l'hôtel, ne vint pas lui apporter 15 fr. sur la somme qu'il lui devait.

Le témoin. — En effet, l'accusé m'apporta 15 fr. sur la somme qu'il me devait en sortant de l'hôtel mais non sur le billet de 75 fr.

N. Froment (Pierre-Napoléon), hôtellier, demeurant à Paris, rue des Marais-Saint-Germain, n 3, connaît l'accusé pour l'avoir logé pendant un mois ; il est entré chez lui le 25 mai.

D. Pouvez-vous donner des renseignemens sur les moyens d'existence de l'accusé, sur l'emploi de son temps, et la vie qu'il menait pendant que vous l'avez logé ?

R. Le 24 mai dernier, l'accusé vint me demander une chambre à bon marché. Je n'en avais pas, mais j'avais un cabinet ordinairement habité par une cuisinière, et qui alors se trouvait inoccupé. Alibaud s'en contenta, et dit que pour le moment il voulait faire des économies, et que dans quelque temps il prendrait une chambre d'un prix plus élevé.

Pendant qu'il a logé chez moi, une ou deux personnes sont venues le demander.

Alibaud sortait ordinairement vers midi, et rentrait habituellement assez tard, vers minuit. Quelquefois il rentrait dans la journée, mais cela n'arrivait pas souvent.

Le jour de l'attentat, je l'ai vu sortir entre midi et trois heures, mais je crois pouvoir affirmer que ce fut un peu avant trois heures.

D. Connaissiez-vous les opinions politiques d'Alibaud?

R. Jamais je n'ai causé avec lui que pour lui louer la chambre qu'il occupait chez moi.

D. Combien payait-il cette chambre?

R. Dix francs.

D. Vous a-t-il payé?

R. Il m'en a payé la moitié.

D. Avez-vous remarqué des armes chez lui?

R. Non.

D. Avez-vous remarqué qu'il sortît avec une canne?

R. Je n'ai pas fait cette remarque?

Alibaud. —*Je demanderai la parole pour faire remarquer que je sortais le matin à dix heures.*

Depras-Depland (Thomas), âgé de trente-deux ans, garçon d'hôtel, rue des Marais-Saint-Germain, 5, reconnaît l'accusé comme ayant demeuré à l'hôtel où il est employé.

D. N'est-ce pas vous qui faisiez la chambre que l'accusé occupait.

R. Oui, Monsieur.

D. Pouvez-vous donner quelques renseignemens sur ses moyens d'existence, sur ses habitudes, sur la vie qu'il menait?

R. Non Monsieur.

D. Savez-vous quels étaient ceux qui lui faisaient de visites?

R. Je n'en ai connu que deux ou trois dans le commencement de son séjour à la maison, et puis un dans les quatre ou cinq jours qui ont précédé sa sortie.

D. Vous a-t-il dû quelque argent?

R. Rien du tout que trois chandelles.

D. Avez-vous eu occasion de savoir qu'elles étaient ses opinions politiques?

R. Non, Monsieur.

D. N'avez-vous pas aperçu sur la commode de sa chambre une canne qui vous a paru être en fer?

R. En balayant sa chambre, j'ai heurté cette canne avec le balai, je l'ai ramassée, dévissée et remise en place sans y attacher aucune importance.

D. Vous n'avez fait part à personne de cette découverte?

R. Non, Monsieur.

Au témoin succède le témoin Félix (Jean-Joseph), âgé de vingt-six ans, limonadier, rue du Colombier, 4, qui reconnaît également l'accusé.

D. N'avez-vous pas vu Alibaud chez vous? N'y venait-t-il pas tous les jours et même plusieurs fois par jour?

R. Oui, Monsieur.

D. Qui est-ce qui fréquente habituellement votre estaminet?

R. Ce sont des habitués.

D. Mais quels sont ces habitués?

R. Ce sont des gens établis, des étudians.

D. Avez-vous remarqué qu'Alibaud fût plus particulièrement lié avec quelques-unes des personnes qui fréquentent votre café?

R. Non, Monsieur.

D. Payait-il exactement les objets de consommation qu'il prenait chez vous?

R. il a payé exactement jusqu'au 15 juin; depuis il a fait quelques petites dépenses, des dettes enfin.

D. Pour combien?

R. Pour 11 ou 12 fr.; je ne me rappelle pas positivement.

D. Qui vous a décidé à lui faire crédit?

R. Je ne pourrais pas trop vous dire... Il m'avait promis de me payer à la fin du mois.

D. Quels motifs vous a-t-il donnés en disant qu'il vous paierait à la fin du mois?

R. Il a dit qu'il recevrait de l'argent.

D. Mais comment en recevrait-il? Disait il qu'il était placé?

R. Peut-être devait-il en recevoir de ses parens.

D. Avez-vous remarqué quelles étaient ses opinions politiques?

R. Non, Monsieur ; il n'en parlait jamais chez moi.

D. N'a t-il pas passé dans votre café une partie de la journée du 25 juin ?

R. Oui, le matin ; il en est ressorti, et puis il est revenu vers deux ou trois heures Il est parti vers quatre heures.

D. Vous rappelez-vous ce qu'il a fait pendant le temps qu'il a passé chez vous ?

R. Il a joué au billard.

D. Vous souvenez-vous ce qu'il a dit en s'en allant ?

R. Non, Monsieur, car je n'y étais pas ; j'étais à la cave. Seulement j'avais dit à ma femme qu'il devait tant.

D. Avez-vous remarqué s'il sortait habituellement avec une canne?

R. Non, Monsieur, jamais il n'est venu chez moi avec une canne ; jamais je ne l'ai vu en porter.

L'accusé.—Le témoin a dit que je l'avais payé jusqu'au 15. Je lui ferai observer que je ne lui ai jamais donné un sou du moment... (Plus haut! On n'entend pas.) Il y avait un mois que j'y allais, et, pendant ce mois, ma dépense s'est élevée à 7 ou 8 fr. Le témoin se trompe ou ne se rappelle pas.

Le témoin. — M. Alibaud est venu dans l'établissement avant que je le tinsse. Il y avait été amené par M. Dargens. C'était alors M. Dubois qui tenait l'établissement. M. Alibaud a continué d'y venir lorsque je l'ai pris. Je ne me rappelle pas positivement les choses, mais il me semble que je n'ai pas eu de comptes avec lui avant le 15 juin . . . .

(Plusieurs membres de la cour se plaignent de ne pas entendre.)

M. le président. — Mais les frais au billard sont assez considérables, qui les payait?

Le témoin. — M. gagnait souvent parce qu'il était assez fort.

La femme Félix (Isabelle Françoise Guède) est introduite.

D. Votre âge?

R. J'aurai vingt ans au mois de septembre.

D. Connaissez-vous l'accusé?

R. Je le reconnais.

D. Depuis combien de temps tenez-vous le café appelé (*l'Estaminet Allemand*?

R. Depuis le 20 février.

D. Alibaud n'était-il pas tous les jours, et plusieurs fois par jour chez vous?

R. Tous les jours il venait; mais il y avait des heures dans la journée où il ne venait pas.

D. Avez-vous remarqué avec qui il était particulièrement lié?

R. Non, Monsieur; il n'était lié avec personne.

D. Avez-vous su quels étaient ses moyens d'existence?

R. Non, Monsieur.

D. Payait-il exactement les consommations qu'il prenait chez vous?

R. Non Monsieur.

D. Qu'est-ce qui a pu vous engager à faire un crédit à un homme que vous paraissiez ne pas connaître beaucoup?

R. C'est qu'il allait manger dans une maison que nous connaissons, et où on lui faisait crédit.

D. Quelle était cette maison?

R. La maison de M. Dubois.

D. Ce M. Dubois ne tenait-il pas le café avant vous?

R. Oui Monsieur.

D. Avez-vous vu quelle était l'opinion politique d'Alibaud?

R. Non, Monsieur.

D. N'a-t-il pas passé dans votre café une partie de la journée du 25 juin?

R. Oui, Monsieur.

D. Vous rappelez-vous ce qu'il y a fait et à quelle heure il en est sorti?

R. Il est sorti à trois heures et demie ; il avait joué au billard et bu de la bière.

D. Vous souvenez-vous de ce qu'il a dit en s'en allant?

R. Non, Monsieur, je n'étais pas dans le billard quand il est sorti.

D. Avez-vous eu occasion de remarquer s'il était habituellement avec une canne?

R. Non, Monsieur, je ne l'ai jamais vu avec une canne.

Dubois (François), âgé de quarante-sept ans, tenant table d'hôte, rue Furstemberg, 9.

D. N'est-ce pas vous qui avez cédé le café nommé Estaminet Allemand, situé rue du Colombier. 4, au sieur Félix, qui le tient actuellement?

R. Oui, Monsieur.

D. Ne tenez-vous pas depuis ce temps une table d'hôte, où dînent habituellement un certain nombre d'étudians?

R. Oui, Monsieur.

D. N'est-ce pas chez vous qu'Alibáud a pris ses repas dans les vingt jours qui ont précédé l'attentat?

R. Oui, Monsieur, il a commencé le 6 et fini le 25.

D. A quelle époque remontent vos relations avec lui et quelle en a été l'occasion?

R. C'est un nommé M. Dargent, sergent-major dans la légion étrangère, qui l'a amené chez moi. Comme il sortait du ême régiment que lui, il l'a invité plusieurs fois à venir dîner à la maison ; c'est comme cela que j'eus l'avantage de connaître monsieur. (Mouvement.)

D. Lorsque vous l'avez reçu, saviez-vous quels étaient ses moyens d'existence?

R. Non, Monsieur ; je n'ai jamais eu de liaisons avec lui.

D. Saviez-vous que vous le receviez à crédit ou vous promit-il de vous payer comme les autres?

R. Je ne savais pas s'il avait de l'argent ou des moyens de

payer ; il avait été présenté par un de ces messieurs qui nous a prié de vouloir bien le recevoir.

D. Est-ce qu'il ne vous avait pas demandé crédit pour un mois ?

R. Non.

D. Comment vous êtes-vous accommodé de ce qu'il ne vous payait pas journellement ou toutes les semaines ?

R. Le mois n'était pas fini, je ne pouvais pas lui demander d'argent.

D. On ne paie donc que tous les mois dans votre pension ?

R. Oui, Monsieur.

D. Avez-vous été dans le cas de connaître les relations particulières et les habitudes d'Alibaud ?

R. Non, jamais.

D. Et ses liaisons ?

R. Je n'en ai jamais eu avec lui ; je ne l'ai connu qu'au café.

D. Ne l'avez-vous jamais entendu exprimer ses opinions pendant les dîners qu'il faisait chez vous ?

R. Non, Monsieur.

D. L'avez-vous vu le jour de l'attentat ?

R. Je l'ai vu le matin ; il est sorti de la maison avant onze heures.

D. Il prenait ses déjeûners comme ses dîners ?

R. Oui.

D. Avez-vous remarqué qu'il portât habituellemen t une canne ?

R. Non, jamais je ne l'ai vu avec une canne.

M. Lalande (Léon-Pierre), âgé de vingt-quatre ans, étudiant en médecine, rue Saint-André-des-Arts, 80, est introduit.

Le président. — N'êtes-vous pas un des habitués du café estaminet Allemand, situé rue du Colombier, 4, et tenu autrefois par le sieur Dubois ?

Lalande. — J'y allais de temps en temps.

D. Ne vous êtes-vous pas trouvé plusieurs fois dans ce café avec Alibaud?

R. Oui, assez souvent.

D. A quelle époque remontent vos premières relation avec Alibaud?

R. Je l'ai connu chez un de mes amis.

D. N'est-ce pas vous qui avez présenté Alibaud au sieur Dubois, et ne lui avez-vous pas recommandé de le recevoir à sa table en lui faisant crédit?

R. Pas précisément crédit. Un jour, ayant rencontré Alibaud à l'estaminet, il m'offrit un verre de bière, je l'acceptai. Il me dit qu'il devait quelque chose à Mme. Duboic, et qu'il n'osait pas se présenter chez elle. Je lui dis : Rien de plus facile; venez avec moi. En réglant son compte, il dit qu'il paierait à la fin du mois, que la maison lui convenait. Il me chargea de dire à Mme. Dubois qu'il désirait entrer chez elle comme pensionnaire; je remplis ma mission.

D. Avez-vous eu occasion de remarquer les opinions politiques d'Alibaud?

R. Jamais, Monsieur.

D. Avez-vous été dans le cas de faire aucune remarque sur ses habitudes, son caractère et ses mœurs?

R. Jamais.

D. L'avez-vous vu le jour de l'attentat?

R. Oui, Monsieur, j'ai dîné avec lui.

D. Vous n'avez rien remarqué dans sa personne ce jour-là?

R. Rien du tout.

M. Cauvry (Théophile-Edmond), âgé de quarante-un ans, étudiant en médecine, rue Saint-Jacques, 166, déclare avoir connu Alibaud à une table d'hôte, chez le sieur Dubois, rue de Furstemberg, 9.

D. N'êtes-vous pas aussi un des habitués de l'estaminet Allemand, rue du Colombier, 4?

R. Oui, Monsieur.

D. N'avez-vous pas eu de fréquens rapports avec Alibaud, soit à la table d'hôte, soit dans le café ?

R. De fréquens rapports, non, M. le président.

D. Cependant vous mangiez fréquemment avec lui ?

R. Oui, Monsieur.

D. Avez-vous remarqué quelles étaient ses opinions politiques ?

R. Non, Monsieur.

D. Avez-vous fait des remarques sur son caractère et ses habitudes ?

R. Je ne puis pas dire.

D. Lui connaissiez-vous quelques moyens d'existence.

R. Du tout.

D. Vous avez dû remarquer qu'il en manquait beaucoup, car il vivait d'emprunt, même pour le tabac.

R. Cela lui est arrivé quelquefois.

D. Et vous personnellement n'avez-vous pas eu avec lui une altercation à ce sujet ?

R. C'était pour bien peu de chose ; ce n'était pas pour du tabac.

D. Cependant il a été question de se battre.

R. Je crois que j'avais lancé à M. Alibaut quelque chose qui ne pouvait pas lui convenir, une épithète par trop déshonorable. Il ne me chercha pas querelle.... Mais enfin....

D. De quelle épithète vous étiez-vous servi ?

R. Je ne me le rappelle pas ; je crois que je lui avais dit *serin*, quelque chose comme cela.

D. Par quel motif l'appeliez-vous ainsi ?

R. A la suite d'une discussion dont je ne me rappelle pas le motif, mais qui n'avait aucun rapport avec la politique.

D. Quel jour avez-vous vu Alibaut pour la dernière fois avant son arrestation ?

R. Le jour même de l'attentat.

D. N'avez-vous point passé avec lui une partie de cette journée?

R. J'ai passé deux heures avec lui ; j'ai joué au billard avec lui.

D. Combien avez-vous fait de parties ?

R. Nous avons fait six parties.

D. A quelle heure vous a-t-il quitté?

R. A quatre heures moins un quart ou moins vingt minutes.

D. Ne l'engagiez-vous pas à continuer la partie ?

R. Oui, mais il m'a dit qu'il était pressé, et il est parti.

D. Ne vous a-t il pas dit pourquoi il était pressé ?

R. Il ne m'a rien dit du tout.

D. Ainsi vous n'avez fait aucune remarque qui pût vous faire soupçonner ses sinistres projets?

R. Rien du tout.

D. Avez-vous eu occasion de voir qu'il se promenât avec une canne ?

R. Je ne lui ai jamais vu de canne.

Mme Prévost (Adélaïde-Jeanne Gombaut), âgée de vingt-huit ans, libraire, rue Bourbon-Villeneuve, n. 64, reconnaît le volume des œuvres de Saint-Just, portant le n°. 52, qu'elle a loué à l'accusé.

D. A quelle époque?

R. Trois semaines environ avant l'attentat.

D. Etait-il abonné chez vous ?

R. Non, Monsieur.

D. Comment lui avez-vous remis ce livre ?

R. Il m'a été amené par M. Fraisse, un de mes abonnés.

D. Ce jeune homme ne vous offrit-il pas de déposer une somme ?

R. Non, Monsieur. Son ami répondait pour lui.

Qu'a-t-il dit en prenant ce livre ?

R. Je lui ai demandé de me le rapporter bientôt ; il m'a dit que je pouvais être tranquille.

Alibaut. — Si madame veut bien se rappeler ses souvenirs, je lui demanderai si je n'avais pas d'abord cherché à louer d'autres livres ?

Mme Prévost. — Monsieur demanda mon catalogue que je lui remis ; ayant ensuite aperçu les œuvres de Saint-Just à l'étalage, il les demanda.

M. Fraisse (Léonce) est introduit. Sa présence excite un mouvement général de curiosité. Le témoin est âgé de vingt ans, commis-voyageur pour son frère, rue Bourbon-Villeneuve, n° 34.

D. N'étiez-vous pas intimement lié avec Alibaut ?

R. Je l'ai connu étant militaire, à Libourne où il remplissait les fonctions de fourrier. Je l'ai rencontré à Paris, il y a six mois. Nous avons renoué connaissance, demeuré quelque temps rue Bourbon-Villeneuve, n. 24. Alibaut m'envoya chez M. Devisme reporter deux cannes et garda la troisième qu'il prétendit lui avoir été volée dans un café ; mais il gardait la canne pour aller à Perpignan, chez son père, et il comptait la payer à la fin du mois. Quelque temps après M. Alibaut entra chez M. Batisa en qualité de commis ; il espérait avec ce qu'il gagnerait pouvoir payer la canne.

D. Vous saviez bien que la canne était entre les mains d'Alibaut ?

R. Parfaitement.

D. Comment alors vous êtes-vous prêté à ce manque de confiance ?

R. M. Alibaut me dit qu'il était sûr de payer à la fin du mois, mais comme il ne connaissait pas la partie il n'a pu tenir son engagement.

M. le président. — Vous avez eu un tort extrêmement grave, vous vous êtes prêté à une fraude qui a eu de fatales conséquences, car cette canne a servi à tenter le plus épouvantable des crimes.

D. Alibaud vous dit-il ce qu'il comptait en faire ?

R. Non, Monsieur ; il me dit qu'il gardait la canne pour

tuer de petits moineaux quand il serait de retour à Perpignan auprès de son père.

D. N'a-t-il pas dit que cette canne lui serait utile si un mouvement révolutionnaire venait à éclater?

R. Je ne me le rappelle pas; du reste c'est possible, car entre jeunes gens on tient souvent des propos auxquels on nefait pas attention.

D. Il est peu vraisemblable qu'il vous ait dit qu'il voulait seulement se servir de cette canne pour tuer de petits oiseaux?

R. Je puis affirmer qu'il ne m'a pas dit autre chose que ce que je viens de répéter.

D. Ne vous a-t-il jamais fait aucune confidence, et mis dans le cas de soupçonner le crime qu'il prémé litait?

R. Jamais; Alibaut m'a toujours paru un homme estimable.

D. N'avait-il pas brisé ce fusil-canne, et ne vous a-t-il pas chargé de le faire raccommoder?

R. Ce fusil avait un manche en buis qui s'est brisé, il m'a chargé de le faire racommoder.

D. Il a demeuré chez vous pendant près de deux mois?

R. Pendant trois semaines ou un mois au plus.

D. Il était sans aucune espèce de ressources?

R. Il avait bien quelques ressources mais pas assez pour lui.

D. Quel était l'emploi de son temps quand il a été avec vous?

R. Nous étions toujours sans place; j'étais encore même sans place; parce que j'avais eu une altercation avec mon frère; M. Alibaut fut enchanté de nous retrouver. Nous allions nous promener ensemble, et ne rentrions que le soir pour nous coucher.

D. Ne vous êtes-vous pas beaucoup promené du côté des Tuileries.

R. Non, Monsieur, c'était du côté du Palais-Royal ou du boulevart Saint-Denis.

D. A quelle époque de l'année?

R. Il y a de cela cinq mois. Nous nous étions retrouvés

avec plaisir. Alibaut était un jeune homme rangé. Les journaux ont inventé toutes sortes de choses sur M. Alibaut, ils ont attaqué son honneur et ses mœurs ; ce sont autant de calomnies et de mensonges.

Le président. — Ces calomnies et ces mensonges sont bien peu de chose, et pèsent de bien peu dans la balance de ce qui touche Alibaut.

Alibaud avec vivacité.—On ne devait pas se permettre des calomnies et des inventions comme on l'a fait dans les journaux.

Le président. — Accusé, vous êtes ici pour entendre la justice prononcer par mon organe ce qu'elle aura à prononcer. Vous devez écouter en silence, et ne pas interrompre ce que je dis au témoin. Le témoin à l'air de s'indigner de ces calomnies répandues sur votre compte comme jeune homme, et sur vos mœurs ; je lui dis que ces calomnies sont de bien peu de poids dans la balance auprès du crime atroce dont vous vous êtes rendu coupable.

M. Fraisse (Léonce).—On peut être honnête homme, et avoir eu un moment d'erreur.

D. Témoin, prenez garde à ce que vous dites, vous parlez de l'honneur d'un homme sur qui pèse une pareille accusation.

Le procureur-général.—C'est traiter bien légèrement l crime de régicide.

R. Je dis qu'il a commis une erreur en se livrant à un acte de désespoir.

D. Vous excusez un semblable crime.

R. Je ne dis pas qu'il a bien fait.

D. Mais vous appelez cela une erreur.

R. Je dis qu'il s'est égaré...

D. Vous ignoriez l'usage qu'Alibaud voulait faire de

cette arme ; le fait est extrêmement grave, et votre dénégation à cet égard porte un caractère qui a quelque chose au moins de fort extraordinaire.

R. Je l'ai juré devant la cour ; si cela était, je l'aurais avoué comme tout le reste.

D. Vos relations avec Alibaud ont dû être bien intimes, puisque vous l'avez reçu chez vous, puisque vous avez couché avec lui dans le même lit pendant plusieurs jours, puisqu'il y avait entre vous, vous en êtes convenu, des rapports d'union fort intimes. Votre liaison a dû avoir un caractère particulier. Il est difficile que dans cette liaison si intime vous n'ayez pas pu pénétrer quelque chose de ses projets.

R. Si réellement j'avais connu le projet d'Alibaud, il ne l'aurait pas exécuté ; je me serais attaché à lui comme son ombre.

D. Cependant quand vous vous êtes douté que vous étiez arrêté par suite de l'attentat, vous avez présumé qu'il avait pu être commis par quelques-uns de vos amis; vous avez dit que vous ne pouviez connaître que deux personnes capables de ce crime. Vous n'avez pas nommé ces deux personnes. Quand vous avez appris en route que c'était Alibaud, vous vous êtes rejeté dans le fond de la voiture, en disant : Je me doutais bien que c'était lui. Il résulte de là très évidemment que vous aviez de grandes raisons de soupçonner les mauvaises intentions d'Alibaud ; que si vous n'aviez pas formellement connu ses intentions, au moins ses paroles dites devant vous devaient être bien redoutables pour que vous en tirassiez une telle conséquence.

R. Cela n'est pas exact, et quand le commissaire central de Bordeaux demanda si je ne connaissais pas quelques amis imprudens qui pussent me compromettre, je dis que je connaissais des jeunes gens exaltés; mais que la tête sur le billot je ne les nommerais pas. Quand l'on me dit que c'était Alibaut qui avait commis l'attentat, je me suis rejeté dans la voiture. « Malheureux, c'est lui. » Voila le seul cri que j'ai fait.

D. N'avez-vous pas eu quelques discussions d'opinion avec Alibaut ?

R. Oui, Monsieur, nous n'étions pas toujours d'accord.

D. Sur quel sujet ?

R. Sur des sujets politiques ; il était plus avancé que moi, il était un peu plus exalté que moi.

D. Un peu plus exalté ? prenez garde, s'il n'était qu'un peu plus exalté que vous, à l'idée que l'on pourrait concevoir sur votre compte. N'avez-vous pas discuté ensemble le système de Robespierre.

R. Quelquefois le système de Saint-Just que je n'approuvais pas, qui, selon moi, était un système de sang.

D. Alibaut, Avez-vous quelque question à adresser au témoin ?

R. Aucune.

M. le procureur général. — Plusieurs témoins déclarent ne vous avoir jamais vu de canne, vous prétendez que vous suiviez constamment le Roi. Vous cachiez donc la canne !

R. J'ai dit qu'à mon arrivée à Paris j'avais suivi le roi pendant dix mois; qu'à l'arrivée des princes, j'étais allé chez Fraisse, qu'ensuite j'avais été placé chez la dame Duberly; qu'ensuite j'etais allé chez M. Batisa.

Ce n'est qu'à la sortie de chez M. Batisa que j'ai suivi le roi comme son ombre.

D. Comment portiez-vous la canne sans la faire voir ?

R. J'allais la prendre seulement quand le Roi devait arriver à Paris, mais hors de ces occasions ma canne était cachée dans ma malle.

Veuillez, M. le président, demander à M. Fraisse si nous n'avons pas fait tout notre possible pour chercher un emploi, si nous ne sommes pas restés deux mois à réclamer de l'ouvrage de toutes parts pour nous procurer de quoi vivre.

Le témoin Fraisse. — M. Alibaut m'a souvent répété qu'il piocherait la terre plutôt que de rester à la charge des autres.

M. le président. — Cependant il avait quitté chez M. Batisa un fort bel emploi qui, en travaillant consciencieusement, le pouvait mettre à même de vivre.

R. — S'il faut vous exprimer tout ce que je pense, je dirai que M. Alibaut est sorti de chez M. Batisa parce qu'il n'a pas voulu faire un acte contraire à sa conscience,

M. Ch. Ledru. — Quel est l'acte auquel Alibaut n'aurait pas voulu concourir?

R. — Il s'agissait d'une lettre de change souscrite en double par un Anglais, et dont la première ainsi que la seconde serait restée entre les mains du sieur Batisa. M. Alibaud, interpellé sur ce fait par le débiteur qui réclamait le premier billet, refusa absolument de répondre.

M. Batisa. — Je demande à m'expliquer sur le fait.

M. le président fait retirer le témoin Fraisse.

M. Batisa. — M. Alibaut est resté chez moi six se-

.. aines après le procès. Je répète que son travail était très bon, mais que ses fréquentes inexactitudes à se tenir au magasin sont la seule cause de notre séparation. Je m'en rapporte à ce que dira M. Alibaut.

R. — Je désirerais que l'on prit les pièces de ce procès, l'on verrait le rôle que j'y ai joué.

M. le président. — C'est un épisode entièrement étranger à l'affaire actuelle.

R. — M. Lespinasse dira si M. Batisa ne lui a pas dit qu'il me renvoyait de chez lui parce que je n'avais pas voulu parler en sa faveur devant le tribunal.

R. — Je ne vous ai pas renvoyé pour ce fait ; je n'aurais pas attendu six semaines.

Alibaut. — L'Anglais pouvait revenir sur le procès.

M. Batisa. — Après six jours, ce n'était plus possible.

Alibaut. — Vous n'avez pas voulu qu'il fût dit que vous m'aviez renvoyé pour ce motif.

M. le président. — Cette partie du débat est sans intérêt pour la cause.

R. — Elle est d'un grand intérêt pour moi.

Me Charles Ledru. — Je demanderais qu'on rappelât le témoin Léonce Fraisse, et de l'interpeller s'il ne sait pas quelques traits de la jeunesse d'Alibaut qui pourrait être en sa faveur. (Mouvement.)

M. Léonce (Fraisse). Le sieur Alibaut avait dix-sept à dix-huit ans, il était commis-marchand à Narbonne, chez M. Sarret ; il se précipita tout habillé dans la rivière pour sauver une jeune fille qui se noyait. Il la ramena sur les bords de la rivière aux acclamations de tous les Narbonnais qui se trouvaient là.

M. Pierret (Alexandre), chirurgien, élève au Val-de-Grace, rue Saint-Jacques, n° 166.

D. N'êtes-vous pas un des habitués du café de la rue de Colombier n° 4?

R. J'ai rencontré une fois Alibaut dans ce café.

D. Quelle a été la nature de vos relations avec Alibaut?

R. Je l'ai connu quand il était sous-officier au 15ᵉ léger, à Strasbourg. Depuis je le revis à Paris. Alibaut vint me voir et notamment deux fois avec M. Botrel. Il m'emprunta la seconde fois un volume des Martyrs de M. de Châteaubriant. Je le lui prêtai. Voilà à quoi se bornèrent mes relations avec Alibaut.

(On montre au témoin le volume saisi chez Alibaut. Il le reconnaît.)

D. Avez-vous su quels étaient les moyens d'existence d'Alibaut?

R. Non, Monsieur, je ne les connaissais pas.

D. N'avez-vous pas su qu'il était dans une grande détresse alors qu'on l'amena chez vous!

R. Jamais.

D. Avez-vous fait quelques remarques particulières sur son caractère et ses habitudes?

R. C'était un jeune homme doux, tranquille et fort honnête.

D. Quand il vint chez vous, avait-il une canne à la main?

R. Je ne l'ai jamais remarqué.

Botrel (Charles), âgé de 28 ans, employé, rue Guénégaud, n° 24.

J'ai connu Alibaud à Strasbourg; j'étais sous-officier dans le 5ᵉ et lui dans le 15ᵉ léger. Nous nous voyions souvent, nous avions des rapports de camarades, de même grade. Nous étions tous deux fourriers.

D. Avez-vous su pourquoi Alibaud avait quitté le régiment?

R. Non, Monsieur, je croyais dans le temps qu'il s'était fait remplacer.

D. Où l'avez-vous rencontré à Paris?

R. Il y a environ six mois, dans le passage du Saumon. Nous échangeâmes nos adresses. J'allai le voir, et il vint souvent chez moi. Il y vint en dernier lieu en quittant Batista. Il me demanda alors si je ne pourrais pas parler pour lui et le faire entrer dans mon administration. Je le connaissais pour un honnête jeune homme, fort capable, et je lui dis que je parlerais pour lui, ce que je fis en effet. Quelque temps après mon inspecteur me dit : Vous pouvez faire venir votre jeune homme. J'allai dès le lendemain à son hôtel; je lui dis qu'il pouvait venir. Depuis, je ne l'ai plus revu. C'était deux ou trois jours avant l'attentat.

D. N'est-ce pas vous qui avez amené Alibaud chez Pierret?

R. Oui, Monsieur.

D. N'est-ce pas la veille de l'attentat que vous aviez été à l'hôtel d'Alibaud lui proposer un emploi?

R. La veille, non; mais deux ou trois jours avant.

D. Vous dit-il qu'il était disposé à prendre cet emploi?

R. Il me dit qu'il verrait.

D. Vous dûtes être surpris de ne pas le voir plus empressé, alors que vous connaissiez sans doute son état de détresse?

R. Je fus si surpris, que j'allai le soir même pour lui parler à son café.

D. Etiez-vous assez intime avec lui pour qu'il vous fît connaître sa déplorable situation?

R. Je la connaissais, je faisais tout ce qui était en moi pour l'améliorer. Alibaud a toujours trouvé en moi un véritable ami. Je le soulageais autant que je le pouvais.

D. Vous a-t-il jamais fait part de ses projets?

R. Jamais.

D. Lui avez-vous jamais vu des armes?

R. Jamais.

D. Avez-vous jamais vu qu'il sortît avec cette canne?

R. Jamais.

D. En somme, avez-vous été à même de faire quelque remarque qui rende moins étonnant le crime atroce qu'il a commis?

R. Jamais je n'aurais pu m'attendre à cela. M. Alibaut était un homme estimé de tout le monde. Lorsque j'ai appris l'affaire, j'en ai éprouvé un très grand chagrin. Voilà tout ce que je puis dire.

Le procureur-général. — Alibaud, vous avez dit que vous n'aviez pas d'emploi. Voici un de vos amis qui vous en avait procuré un. Pourquoi n'avez-vous pas accepté?

Alibaud. — Je cherchais un emploi pour vivre en attendant le moment de frapper le roi ? (Mouvement.)

M. Corbières, âgé de trente-un ans, négociant à Perpignan.

J'ai connu Alibaud en 1835, c'était vers le mois de mai. Il me fut présenté par un associé d'une maison de Perpignan. Je pris succession d'une manufacture de coton teinturé. M. Alibaud fut appelé à tenir la plume dans une espèce d'inventaire des marchandises; c'est là que j'ai eu *l'honneur* de voir M. Alibaud pour la première fois. (*Légers murmures.*) M. Alibaud partit une vingtaine de jours après avoir fait cette note. Je le revis plus tard; il me fit des offres de service; je lui répondis que nous avions des commis. Il me dit qu'il voulait aller à Barcelonne pour se placer en qualité d'officier s'il était possible. Il me demanda des lettres de recommandation pour quelqu'un de Barcelone; je lui en donnai une pour un sieur Lamarque, officier, je crois, de la garde nationale. M. Alibaud partit, et il ne put se placer à Barcelone; il m'écrivit qu'il avait été malheureux, qu'il n'avait pu trouver de l'emploi. Il me faisait la plus triste peinture de sa position; je le trouvai digne de pitié. Il me disait qu'il avait l'intention de revenir à Perpignan, mais qu'il n'en avait pas les moyens. Je priai un de mes correspondans de compter à Alibaud une somme de 4o francs.

Lorsqu'il arriva à Perpignan, il vint me remercier, et je reçus de lui deux ou trois visites. Plus tard, Alibaud vint m'offrir des vins pour une maison de Bordeaux. Le 8 novembre, il me dit qu'il partait pour cette dernière ville, et me demanda la permission de m'écrire.

Ce fut quelque temps après que je reçus une lettre de Paris, vers la fin de novembre ou de décembre, lettre écrite dans un style mystérieux, avec des idées de saint-simonisme. Il m'expliquait sa malheureuse situation. Cette lettre me fut remise par M. Artus; je la supposai de M. Alibaud, car elle n'était pas signée; mais je m'assurai qu'elle était de lui en la rapprochant de l'écriture de l'inventaire écrit par lui.

Je reçus une seconde lettre. Dans celle-là il me faisait une peinture de sa mauvaise situation, de ses revers, et me demandait si je ne pourrais pas lui donner quelques lettres de recommandation. Je n'y répondis pas.

La troisième était à peu près dans les mêmes termes. A ce que j'ai pu y voir, il annonçait l'intention de se brûler la cervelle ou d'attenter aux jours d'un auguste personnage. Je pensai devoir dire à un avocat de Perpignan, M. Pigas, ce qui se passait, et le consulter sur ce que j'avais à faire. Cet avocat me répondit : Cela est sans doute exagéré, il est inutile de répondre à de semblables lettres. Je m'adressai à un autre avocat de Perpignan, M. Deltras, qui me donna le même conseil, celui de ne pas répondre. Enfin, je reçus une quatrième lettre ; ces messieurs me dirent de ne pas répondre, que ces lettres ne pouvaient venir que d'un cerveau malade. Je restai tranquille.

D. Vous avez reçu quatre lettres ?

R. Oui.

D. Que contenait positivement la dernière ?

R. Cette lettre est du 3 mai ; elle était fort longue, autant que je puis me rappeler, il y avait ces mots qui se trouvaient aussi dans la seconde et dans la troisième : Que sa position était très malheureuse ; qu'il était dégoûté de la vie, et qu'il attenterait à ses jours ou à ceux d'un personnage auguste.

D. Il me semble résulter clairement de ces lettres que vous connaissiez son intention d'attenter à la vie du roi.

R. A la vie d'un personnage auguste.

D. Rappelez-vous que vous avez prêté serment et juré de dire toute la vérité.

R. Je la dis.

D. Mais non, vous ne la dites pas entière. Cette lettre a dû rester suffisamment présente à votre esprit pour que vous vous souveniez bien de ses termes, puisque vous avez consulté à ce sujet deux avocats. Vous devez savoir s'il s'agissait du roi.

R. Il y avait : A la vie de Philippe... (Mouvement.) Mais le roi n'était jamais nommé dans ces lettres. Je n'ai pas pu dire dans ma déclaration que c'était du roi qu'il s'agissait; mais je crois me rappeler qu'il y avait Philippe.

D. C'est tellement clair que ce mot Philippe désignait le roi, que vous deviez le dire tout de suite, à moins que votre opinion républicaine ne vous empêchât de prononcer le mot roi. N'y avait-il rien autre chose dans cette lettre ?

Le témoin. Il y avait aussi l'invitation de demander son adresse au café Lafayette, ou à son père.

M. le président. Ne vous demanda-t-il pas de l'argent?

Le témoin. Oui, monsieur. Quand vous me rappelez mes souvenirs, je vous réponds sans hésiter. Il disait qu'il y avait des patriotes bien peu généreux qui ne venaient pas au secours de leurs amis qui en avaient besoin.

M. le président. Vous avez fait la connaissance d'Alibaud à l'occasion d'un marché que vous aviez contracté avec Trompillon, et qui avait nécessité une espèce d'inventaire. Cela ne pourrait pas être le motif d'une bien grande intimité entre vous, surtout quand vous aviez refusé de l'employer. Et cependant voilà qu'il vous met dans la confidence de ses projets de voyage en Espagne. Voilà que vous lui donnez une lettre de recommandation. Puis, sachant qu'il était dans l'embarras à Barcelone, vous lui envoyez 40 fr. Cette conduite ne s'explique guère par vos relations antécédentes. N'étiez-vous dirigé par aucun autre motif particulier?

Le témoin. Non, je n'avais pas d'autre motif. Je n'avais vu M. Alibaud que deux ou trois fois. Je ne pouvais avoir pour lui une grande condescendance.

M. le président. N'a-t-il pas été question d'un duel dans lequel Alibaud serait intervenu?

Le témoin. Oui, M. Trompillon, ayant commis des malversations dans ma fabrique, je voulais le renvoyer; il refusa, et je l'assignai devant le tribunal de commerce. Un jour il empêchait les ouvriers de travailler, je le chassai, il m'envoya le soir M. Alibaud pour me demander raison d'une offense. Nous sortîmes, pour ne point parler devant ma femme et mes enfans qui étaient à table. M. Alibaud montra la plus grande modération, et il me sembla qu'il venait plutôt pour arranger l'affaire que pour me provoquer. Elle fut en effet arrangée.

M. le président. Lorsque Alibaud revint à Perpignan, vous avez dû le voir très-souvent; après les services que vous lui aviez rendus, il a dû vous apprendre ce qu'il avait été faire à Barcelone. Il est impossible que vous ayez ignoré, quand vous lui avez donné une lettre de recommandation, qu'il partait à la suite de réfugiés qui avaient l'intention de faire en Espagne une révolution républicaine. N'est-ce point là le motif qui vous a engagé à lui donner un secours d'argent?

Le témoin. — Je n'ai jamais su qu'il partit avec des réfugiés. Je lui ai dit seulement que M. Bigot qui était sur le point d'aller en Espagne, m'était adresssé, et que s'il était nommé capitaine, il pourrait peut-être l'employer.

M. le président. — Mais quand vous avez été interrogé sur ce fait, vous avez dit que M. Bigot n'était venu à

Perpignan que trois semaines après le départ d'Alibaud. Comment auriez-vous pu lui en parler?

Le témoin. — Je ne suis pas bien certain de lui en avoir parlé, mais j'aurai pu lui en parler, puisque je savais que M. Bigot avait l'intention de se rendre en Espagne. Il retarda son voyage de vingt jours.

M. le président.—Lors du retour d'Alibaud, vous avez dû le voir très souvent après ce que vous aviez fait pour lui, et il a dû vous dire quels étaient ses moyens d'existence et ses projets politiques.

Le témoin.—Je ne les ai jamais connus. Il ne m'a pas dit un mot de ce que j'appris plus tard. Il a toujours conservé un caractère de fierté.

M. le président.—Comment est-il possible qu'il n'ait pas eu plus de confiance en vous, après les services que vous lui aviez rendus, et quand vous le voyez tous les jours?

Le témoin.—Je ne le voyais pas tous les jours : je ne l'ai vu que trois ou quatre fois.

M. le président.—Revenons-en aux lettres que vous avez reçues.

Alibaud vous a écrit une lettre au mois de décembre, deux autres au mois de janvier et une quatrième au mois de mai. La première était très extraordinaire; dans la seconde, on annonçait l'intention d'attenter à la vie d'un personnage auguste, et cela vous a décidé à en conférer avec un avocat. La troisième et la quatrième, vous avez été obligé d'en convenir, annonçaient l'intention de commettre un assassinat sur la personne du roi. Et pour ces quatre lettres, malgré toutes vos réflexions, vous ne trouvez autre chose à faire que de consulter deux avocats. Je veux que ces avocats vous aient conseillé d'après leur conscience; mais la vôtre avait de graves reproches à se faire; car je suppose que vous ayiez eu connaissance d'un pareil complot contre votre père, votre frère ou un de vos parens, vous l'auriez sans aucun doute averti du danger qu'il courait. Et quand il s'agit de la vie du roi, vous vous contentez de consultations secrètes, vous ne faites aucune révélation, soit au préfet, soit au procureur du roi ! Comment avez-vous pu agir ainsi ?

Le témoin.—Je n'ai point donné de suite à ces lettres, parce que j'avais consulté deux hommes très éclairés. Ma conviction était qu'Alibaud ne ferait jamais ce qu'il a fait. MM. Picas et Delcros m'ont corroboré dans cette opinion, et voilà ce qui a fait que je n'ai rien dit. Quand vous m'avez interrogé ensuite, et que vous m'avez fait des observations sur ce que j'aurais à me reprocher, j'ai dit et je le répète encore : J'aurais peut-être bien fait d'en parler.

Le président. — Comment peut-être? Il me semble que vous devriez dire : J'aurais très bien fait de ne pas conserver un pareil secret. Un secret qui touche à la vie du roi appartient à la France tout entière, à la magistrature, à l'administration.

Ainsi, vous recevez ces quatre lettres, vous en payez le port, Alibaud vous donne son adresse pour lui écrire , et vous n'allez pas chez son père lui dire : Votre fils m'écrit des lettres bien extraordinaires, je ne veux plus recevoir de ces lettres-là.

Corbière.—Je ne suis pas allé en parler à son père, il aurait été désolé de cette confidence. Peut-être aurais-je bien fait ; je m'accuse de ne pas l'avoir fait.

D. Comment vous expliquez-vous à vous-même qu'un homme avec qui vous étiez si peu lié, qui, présent, vous donnait si peu de marques de confiance, vous ait écrit quatre lettres de cette importance?

R. Je ne concevais pas comment il pouvait me les écrire, et c'est pour cela que j'ai cru devoir consulter deux avocats.

Je fus peut-être mal conseillé ; en montrant cette lettre, je me serais sans doute défait de ces tracasseries.

D. Vous auriez pu au moins dire à Artus de ne plus recevoir de lettres pour vous. Artus, relieur, ne doit pas recevoir de lettres de Paris ; il a dû trouver assez extraordinaire de recevoir quatre lettres pour vous.

R. Artus recevait des lettres de Paris pour ses affaires.

D. Cela doit vous faire faire des réflexions sur les opinions politiques qui vous ont mis dans le cas de recevoir les confidences d'un homme qui avait de tels projets. Vous m'avez donné hier une indication que je voudrais croire exacte. Lorsque vous avez reçu la dernière lettre, vous auriez été pour montrer cette lettre aux avocats que vous aviez déjà consultés. Ne les ayant pas trouvés, vous auriez été au tribunal, vous auriez rencontré un de ces avocats en face du palais; vous avez ajouté qu'au moment où vous lui montriez la lettre, vous aviez vu passer le procureur du roi, et que vous aviez exprimé l'intention de remettre la lettre entre ses mains; vous ne l'avez pas fait, avez-vous dit, parce que l'avocat vous en avait détourné. Qu'un avocat ne conseille pas une pareille chose, cela se conçoit; mais qu'il en détourne, on le conçoit plus difficilement, car il prendrait par là une bien grande responsabilité.

Ces deux avocats ont été interrogés, ils ont montré une grande franchise dans leurs réponses, aucun d'eux n'a parlé de ce fait. Cependant l'un de ces avocats a reconnu que vous lui aviez remis la lettre dans l'endroit que vous avez indiqué, au moment où l'on sortait du tribunal, ce qui pourrait faire croire que le procureur du roi a passé dans ce moment. Il est bien étrange qu'il ne se soit pas rappelé une pareille circonstance.

Corbière. — Ce que j'ai dit est la vérité : avant de partir pour Paris, j'ai demandé à M. Delcros s'il se rappelait le conseil qu'il m'avait donné : il me dit qu'il avait creusé ses souvenirs et qu'il se rappelait parfaitement ce qu'il m'avait dit.

Le procureur général, à l'accusé. — Vous avouez que ces lettres ont été écrites par vous?

Alibaud. — Oui, Monsieur.

Le procureur général. — Dans une de ces lettres, vous avez déclaré positivement l'intention de vous suicider et de tuer un auguste personnage.

L'accusé. — Je ne me rappelle pas le contenu des lettres.

Le procureur général. — Vous rappelez-vous vous être plaint des patriotes qui ne vous secouraient pas comme vous le méritiez?

L'accusé. — Je ne me le rappelle nullement.

Le procureur général. — Vous ne voulez pas répondre?

L'accusé. — Il me semble que j'ai répondu.

Le procureur général. — Vous répondez en disant que vous ne vous rappelez pas. Corbière se rapppelle très bien que vous vous plaigniez des patriotes. Le fait est donc exact; car il n'est pas probable que Corbière invente une pareille circonstance. Je vous demande en quoi vous aviez à vous plaindre des patriotes?

L'accusé. — Comme il n'est pas dans mon caractère de mendier, je pense que M. Corbière s'est trompé. Je n'avais aucun droit aux secours de ces messieurs. J'étais patriote, mais je gagnais mon pain à la sueur de mon front.

Le procureur général. — Témoin Corbière, vous avez exprimé hier des regrets très vifs de n'avoir pas prévenu l'attentat en dénonçant à l'autorité les confidences qui vous avaient été faites; vous avez exprimé des sentimens qu'il est bon de rappeler : vous avez dit que si vous saviez les jours du roi menacés, vous vous placeriez entre lui et la balle.

Corbière. — Je le confirme hautement; il y a bien de la différence entre des opinions politiques et un assassinat.

M. le procureur général. — Comme votre conduite a été très imprudente, je désirerais qu'il fût constaté que vous avez manifesté à cet égard des sentimens très honorables.

Corbière. — Ce sont les sentimens que tout honnête homme doit avoir.

Le président. — Alibaud a lui-même si bien senti la conséquence qu'on pouvait tirer des lettres qu'il vous a adressées, qu'il a mis la plus grande obstination à nier ces lettres, même lorsque je lui eus dit deux fois que vous en étiez convenu; et il ne s'est décidé tout à l'heure à reconnaître le fait de ces lettres que lorsqu'il a vu, par la communication que je lui ai donnée de vos interrogatoires, que vous aviez avoué avoir reçu ses confidences. Si une telle communication a paru si exorbitante à Alibaud lui-même, je vous le demande, que doivent en penser les autres? Vous dites que vous vous mettriez entre le roi et les balles, et vous ajoutez que ces sentimens sont ceux d'un honnête homme. Oui, sans doute, ce sont les sentimens d'un honnête homme, mais faites un retour sur vous-même, et ce retour peut être fait par toutes les personnes qui pensent comme vous, qui comme vous ont des opinions hostiles au gouvernement. Ces opinions, répandues avec tant d'audace et d'obstination, voilà ce qui produit, ce qui encourage les crimes pareils à celui dont vous reconnaissez vous-même l'horreur. Oui, le crime d'Alibaud est sorti évidemment de ces prédications, de ces communications insensées telles que vous en avez avec des personnes qui n'ont, dites-vous, que des opinions politiques.

Le témoin Artus, relieur à Perpignan. — J'ai connu l'accusé pendant le temps qu'il a passé à Perpignan, trois mois environ.

J'ai fait sa connaissance aux danses publiques de la Réole, paroisse de Perpignan. Il était avec M. Eugène... Il me dit qu'il désirait entrer dans une association politique, et qu'il s'adressait à moi pour lui en indiquer les moyens. Je lui répondis qu'il n'existait plus de société politique depuis les affaires d'avril. Nous causâmes ensuite sur les demoiselles qui dansaient, voilà où s'est bornée notre première entrevue. Il me demanda la permission de venir me voir, et il vint chez moi cinq à six fois. Il fit un voyage en Espagne, je le chargeai de porter des exemplaires de l'*Univers pittoresque* et de la *France dramatique*. Il me remit l'argent qu'il avait touché pour moi.

Le président.—A son retour à Perpignan, vous dit-il quelque chose de ses projets?

R. Il m'annonça l'intention de quitter bientôt cette ville.

D. Comment vous dit-il cela?

R. Il me dit qu'il n'avait pas pu être placé, et qu'il allait à Bordeaux.

D. Avez-vous rencontré quelquefois Alibaud chez Corbière?

R. Jamais.

D. Vous ne les avez pas vus se promener ensemble?

R. Je ne m'en souviens pas.

D. Avez-vous eu des conversations politiques avec Alibaud?

R. Oui, et sur des choses indifférentes.

D. Vous n'avez pas été dans le cas de remarquer l'exaltation de ses opinions?

R. J'ai remarqué de l'exaltation chez lui, comme chez beaucoup de personnes; mais il n'était pas plus exalté que beaucoup d'autres que je connaissais.

D. Lorsqu'il a quitté Perpignan, a-t-il manifesté l'intention de vous écrire?

R. Jamais.

D. A-t-il manifesté l'intention d'écrire à Corbière sous votre couvert?

R. Non.

D. Quand vous avez reçu ces diverses lettres, vous avez dû être alarmé.

R. Cela ne m'étonnait pas, parce que j'avais été à la tête d'une société politique. Je n'ai fait aucune conjecture sur ces lettres écrites à M. Corbière.

M. le procureur-général. — Alibaud, vous avez prétendu que vous n'aviez jamais confié votre projet à personne à Paris.

Alibaud.— Oui, M. le président.

D. Expliquez alors comment, voulant garder le secret,

vous l'avez écrit à Corbière, non pas une, mais quatre, cinq fois.

R. Je ne répondrai pas à cela.

D. Il est naturel que vous expliquiez les faits de la cause.

R. Je ne me rappelle pas le contenu des lettres adressées à M. Corbière. Je ne crois pas avoir fait part de mon projet sur l'attentat.

D. Vous avez d'abord nié avoir écrit à Corbière, mais vous avez dit : « Puisque Corbière l'a avoué, je le reconnais. » Pourquoi lui avez-vous écrit?

R. Je lui ai écrit comme à une personne que j'estimais beaucoup. Je ne lui ai jamais confié mon projet.

Le procureur-général. — Corbière vient de le déclarer; il n'avait aucun intérêt à le faire si cela n'était pas.

Alibaud, avez-vous demandé à Artus de vous faire admettre dans une société politique?

R. Je ne me le rappelle pas.

Artus. — C'est vaguement que je me le rappelle aussi. A cette époque d'ailleurs il n'y avait plus de société. Cette demande ne méritait pas une grande attention.

TÉMOINS A DÉCHARGE.

Brusselle, premier témoin à décharge, a connu Alibaud au 15e léger comme bon camarade et loyal militaire.

Fraisse (Armand), autre témoin, a été au collége avec Alibaud, s'est trouvé avec lui dans la même maison de commerce à Narbonne. Il y a six mois que je l'ai retrouvé à Paris.

Je le plaçai dans une maison de broderies, dans laquelle il ne put rester parce qu'il ne connaissait pas la partie. De là il se plaça chez Batisa. Le témoin ne sait pourquoi il a quitté cette place.

Comme les journaux l'ont calomnié, je dois déclarer, dit le témoin, qu'Alibaud s'est toujours conduit avec honneur et probité.

Alibaud. — Je désirerais que le témoin dit ce qu'il sait sur mon enfance.

Le témoin Armand Fraisse répète le fait de la jeune fille noyée, que son frère a déjà fait connaître à la cour.

Fringant, témoin, a servi avec Alibaud, et déclare l'avoir connu comme un bon camarade.

Alibaud. — Le témoin était avec moi lorsque j'ai quitté la cause de Charles X pour embrasser celle du roi républicain ! (Murmures.)

Le témoin Fringant déclare qu'après avoir été désarmés dans la rue Grenelle Saint-Honoré, il est allé avec Alibaud chez son frère ; qu'ils n'ont pas voulu prendre part aux barricades, parce que c'était contre leurs camarades qu'elles étaient dirigées.

Gerle, autre témoin, dépose qu'Alibaud passait dans le régiment pour un excellent camarade ; qu'il l'a retrouvé, il y a dix mois, à Paris, et que, par M. Lespinasse, il lui procura une place chez M. Batisa.

Gras, témoin, déclare avoir vu Alibaud à l'estaminet Félix, et avoir joué avec lui au billard ; il n'a jamais eu d'autres relations.

Alibaud. — Le témoin se rappelle-t-il que je lui ai demandé de me procurer un emploi ?

Le témoin. — Je ne me le rappelle pas.

Guillemain, témoin, dit qu'Alibaud fut présenté à la table d'hôte où il mangeait, que son extérieur agréable et ses manières douces et polies le firent bien accueillir par tous les commensaux.

Le témoin Lefébvre ne connaît point l'accusé.

Il y a eu une erreur produite par le nom ; ce n'est pas ce M. Lefebvre que l'accusé voulait faire appeler.

Lespinasse, marchand de vin, dépose en ces termes : « J'ai connu Alibaud en 1830 au service. Dans le mois de novembre dernier, il se présenta dans la maison de mon frère pour nous offrir des échantillons de vins ; je le renvoyai à un autre moment. Je ne le revis qu'en janvier. La maison pour laquelle il travaillait n'existait plus. Il me demanda de lui procurer une place. Je finis par le placer chez M. Batisa. Ils s'arrangèrent. Depuis cette époque, je ne le revis plus.

M. le Président. — Alibaud, avez-vous quelque chose à demander au témoin ?

Alibaud. —Rien M. le président.

Le témoin Lespinasse. — Sur sa moralité, je pourrai dire qu'au régiment il était connu comme bon camarade, comme honnête homme et comme brave sous-officier.

Permettez-moi de vous rappeler les circonstances en sa faveur ; je crois devoir les dire.

Eu 1834, une dispute s'éleva dans une brasserie de Strasbourg entre les bourgeois et les militaires. Alibaud s'entremit pour apaiser la querelle ; il reçut du maître de la brasserie deux coups de sabre ; il a failli devenir victime de son dévouement. (Mouvement.) Messieurs, je crois devoir faire connaître ces circonstances. (Plusieurs membres. Sans doute parlez !)

Je crois, Messieurs, qu'il a été calomnié par les journaux. (Mouvement.) Oui, Messieurs, je vous donne ma parole d'honneur qu'il l'a été ; toutes les puissances du monde ne me feront pas dire le contraire. Ce n'est pas par enthousiasme par passion, c'est par intérêt pour la vérité.

Alibaud entra chez M. Batisa. Je l'adressai à lui parce que c'était un honnête homme, que je n'avais que de bons renseignemens sur lui. M Batisa vint un jour à la maison, comme il y venait quelquefois. Je lui demandai pourquoi son commis ne venait plus me voir, moi, son ancien camarade. Il me répondit : « C'est un crapuleux personnage; il fait une sale affaire devant le tribunal. »

Il me raconta qu'un Anglais lui avait fait un billet qu'il n'avait pas payé; qu'il l'attira chez lui sous prétexte de lui faire renouveler le billet; mais que le garde du commerce était averti pour l'arrêter. Le garde du commerce ne se présentant pas pour l'arrêter, M. Batisa fut obligé de renouveler; mais au moment où l'Anglais sortait, il fut arrêté par le garde du commerce, qui était à la porte. L'Anglais indigné rentra chez M. Batisa et l'interpella de déclarer qu'il venait de renouveler le billet; Batisa répondit qu'il ne savait pas ce dont il voulait parler; qu'il n'avait pas renouvelé. L'Anglais fut emmené en prison. Cet Anglais porta plainte en escroquerie devant le tribunal de police correctionnelle. Alibaud, interpellé comme commis, refusa de déposer, ne voulant pas, par sa déclaration, nuire à son chef, et s'exposer en outre à perdre sa place. Il se mit par-là fort mal avec M. Batisa. M. Batisa avait témoigné tout son mécontentement. Il me dit : « D'après cela, il est impossible que je puisse le garder. » Voilà, Messieurs, pourquoi Alibaud a été renvoyé de chez M. Batisa.

Le témoin Batisa s'avançant. — M. le président, voulez-vous me permettre de parler pour un fait qui m'est personnel ?

Le président. — On ne peut pas faire devant la cour un procès qui du reste a déjà été jugé.

Percend, limonadier, passage du Saumon, n. 2, dépose qu'il y a vu plusieurs fois Alibaud chez lui, qu'il s'y est toujours bien comporté, qu'il n'a eu de querelles avec personne.

Alibaud prononce à voix très basse quelques mots que nous ne pouvons saisir.

Watelier, relieur, rue Poupée, n. 18. — J'ai connu Alibaud à Narbonne, étant en pension chez ses parens; il arrivait alors du service au 15e léger... Il me dit qu'il avait appris la télégraphie... Je l'ai revu à Perpignan, où sa famille vint s'établir; comme à Narbonne, je rentrai en pension chez ses parens.

Le président.—Vous n'avez pas autre chose à dire?

Le témoin.—Si l'on me fait des questions, j'y répondrai.

Alibaud.—Je prierai le témoin de dire quelles étaient mes habitudes et mes mœurs.

Le témoin. — J'ai toujours connu à M. Alibaud de très bonnes mœurs; je l'ai toujours connu pour un jeune homme très studieux, et lorsqu'il apprenait l'espagnol.. (On n'entend pas!)

Le président. — Il n'y a plus à entendre que les témoins qui ont été désignés au commencement de la séance, et qui ont été appelés en vertu du pouvoir discrétionnaire.

M. Pommairol, âgé de vingt-deux ans, sergent-major au 5ᵉ léger, hôtel et du passage Saumon.—Je connus Alibaud à Narbonne, quand ses parens sont venus s'y établir; il était alors fort jeune et moi aussi. J'ai quitté Narbonne en 1822; je n'ai revu Alibaud qu'en 1830, à Paris; il était militaire au 15ᵉ léger; j'étais entré dans le 6ᵉ de la garde; sorti alors de la garde, je suis entré dans le 16ᵉ de ligne, et je n'ai revu Alibaud qu'il y a trois mois à peu près quand je suis arrivé à Paris. Je l'ai vu deux où trois fois.

Me Ledru. — Je prierai M. le président d'interroger le témoin sur les mœurs, les habitudes et le caractère d'Alibaud.

Le témoin.—A Narbonne, il jouissait de la considération de ses concitoyens. A Paris, je ne l'ai pas assez fréquenté pour pouvoir en parler. Au reste, j'ai un fait à raconter : il a sauvé un enfant.

Plusieurs voix.— On l'a déjà dit.

Me Ledru.—Ce n'est pas le même fait.

Biron, tailleur portier, connaît l'accusé.

Le président.—Qu'avez-vous à dire sur son compte?

Le témoin.—Rien du tout.

Me Ledru.—Alibaud avait-il un bon caractère, de bonnes habitudes et de bonnes mœurs?

Le témoin.—Je ne l'ai vu que deux fois. Il ne m'a rien dit de désagréable. (On sourit.)

M⁰ Ledru.—Voici ce que dit le témoin dans sa déposition écrite :

« J'avais remarqué qu'Alibaut était pensif et plus triste que ne le sont habituellement les jeunes gens. Comme il n'était pas heureux, j'attribuais sa mélancolie à sa misère. Il était très honnête, et dans sa conversation, c'était de l'intérêt pour les personnes qui sont moins heureuses que les autres. Il disait, en parlant de moi, qu'on faisait des états qu'on ne devrait pas faire, et que le mal n'était pas assez partagé, qu'on devrait être égaux. »

La demoiselle . . . . . ., dernier témoin assigné, est introduite.

L'accusé déclare que c'est par erreur, et parce qu'il a mal dicté son nom, qu'elle a été assignée.

Le président.—L'audience est levée.

Il est cinq heures et demie.

2⁰ AUDIENCE. — 5 JUILLET.

A onze heures moins un quart, l'accusé est amené par les gardes municipaux.

Immédiatement après, la cour entre en audience.

M. Etienne Cauchy, greffier en chef, fait l'appel nominal de MM. les pairs.

Ne répond pas à cet appel M. le marquis de Boisgelin·

M. le président. — La parole est à M. le procureur-général. (Un grand silence règne dans l'assemblée.)

RÉQUISITOIRE DU PROCUREUR-GÉNÉRAL.

M. Martin (du Nord), procureur-général.—Messieurs les
pairs, l'accusé se présente devant vous sous le poids de la
plus terrible prévention, celle d'attentat contre la personne
du roi. Après votre séance d'hier, nous pourrions nous bor-
ner à vous dire : *Recueilliez vos souvenirs, et prononcez.* Nous
ne le ferons pas; nous croyons que la haute mission qui
nous a été confiée auprès de vous nous impose le devoir de
vous soumettre quelques réflexions qui nous paraissent
utiles. Mais ce n'est pas nous qui retarderons long-temps
le moment de votre justice. Nous sentons, en effet, que
c'est un besoin pour le pays de se séparer sans retard de
l'homme qui lui a fait courir de si grands dangers, et que
son nom , aujourd'hui voué à l'exécration publique, soit
promptement voué à l'oubli.

La culpabilité de l'accusé est un fait qui ne saurait être
douteux pour personne. Les témoins que vous avez entendus
établissent comment il s'est procuré l'arme et la poudre
dont il a fait un si criminel usage. Ils vous l'ont montré
épiant pendant long-temps le moment favorable, et tirant
sur le roi lorsqu'il croyait être sûr de l'atteindre. Vous
l'avez vu arrêté en flagrant délit, encore porteur de l'arme
régicide, et il a répété devant vous les horribles aveux qu'il
avait faits dès son premier interrogatoire. Il n'est pas sorti
de sa bouche un seul mot de repentir; loin de là, avec
une audace qui nous a révolté sans nous étonner, il s'est
fait gloire du crime qu'il a commis.

Le roi et la France ont échappé au péril qui les menaçait,
et dussions-nous nous exposer au reproche de répéter ici ce

que tout le monde sait, nous dirons que le salut rendu par
le roi à la garde nationale réunie sous les armes, a seul empêché la balle de frapper la tête du monarque. Ainsi c'est
dans cet échange si pur et si noble de bienveillance et d'amour entre le chef de l'état et les citoyens, que cette fois
encore les méchans ont trouvé leur défaite et leur honte, et
le pays son salut et sa gloire.

Un seul accusé est assis sur ce banc; c'était pour nous
une obligation impérieuse de rechercher avec scrupule si
d'autres ne devaient pas s'y placer à côté de lui. Ce devoir,
nous l'avons rempli, et nous déclarons qu'Alibaud nous
paraît avoir conçu seul le crime que seul il a exécuté. Nous
ne saurions en effet regarder comme son complice le témoin Corbière; et pourtant il a su les projets d'Alibaud;
s'il les avait révélés à l'autorité, il prévenait le cruel événement que nous déplorons. Il ne l'a pas fait; la législation
qui nous régit aujourd'hui ne nous permet pas, au moins
dans l'état actuel de l'instruction, de requérir contre lui
aucune peine; mais il avait à remplir un devoir qu'il est
bien coupable aux yeux de la morale d'avoir enfreint. Aussi
vous avez applaudi aux paroles pleines de sagesse qui lui
ont été adressées par votre honorable président. Nous espérons que la grave imprudence qu'il a commise lui fera
sincèrement éprouver les regrets qu'il a témoignés, et nous
aimons à croire que les beaux sentimens qu'il a exprimés
dans cette circonstance ne lui ont pas été arrachés par le
besoin de sa justification.

Nous l'avouerons, Messieurs, c'est un bonheur pour nous
d'avoir à vous signaler le fait de l'isolement d'Alibaud.
Sans doute il aura pensé que, lors même qu'il s'adjoindrait
des hommes aussi avides que lui de désordres et de bouleversement, ces hommes, au moment de l'exécution, effrayés
de l'horreur du crime auquel ils se seraient associés, pourraient l'abandonner et le perdre. C'est là, il faut le reconnaître, un véritable progrès dans la situation du pays. Au

cun de nous, en effet, n'a pu oublier la marche des factieux depuis six années. Après avoir hautement et en armes déclaré dans nos rues qu'ils aspiraient à renverser le gouvernement, après maintes tentatives toujours repoussées avec vigueur, ils ont enfin reconnu qu'il leur était impossible de parvenir par la force à triompher de la volonté nationale. C'est alors que quelques enfans perdus, le rebut et la honte des factions elles-mêmes, ont médité en commun et préparé leurs projets régicides. Ces projets ont encore été déjoués, et la justice les a punis.

Aujourd'hui, Messieurs, tout nous indique que l'homme que nous poursuivons est le seul coupable; et cet homme, nous espérons qu'il sera désavoué partout; il est aux yeux de tous les hommes de bien un objet d'exécration; et lorsque sa condamnation sera prononcée, il n'est pas un Français, quelque peu digne de ce nom, à quelque opinion politique qu'il appartienne, qui n'applaudisse à votre sentence.

Comment en serait-il autrement? l'assassinat n'est-il pas le plus lâche des crimes? le régicide n'est-il pas le plus odieux des assassinats? n'est-il pas vrai que la pensée ne peut en être conçue que par l'ame la plus basse? Ainsi, consultez tous les documens de l'instruction? demandez-vous quel est Alibaut. Vous le verrez dominé par les inclinations les plus vicieuses, plongé dans la misère par la paresse et la vanité, maudire une existence qui n'était plus pour lui qu'un fardeau et une honte.

Pourtant, Messieurs, ne croyez pas qu'à nos yeux les factions soient étrangères au crime d'Alibaut. Nous voudrions pouvoir le dire, mais nous ne le dirons pas, parce que telle n'est pas notre pensée. Les hommes qui, dans leur dévergondage politique, ont par leurs écrits et leurs discours, et sans en prévoir peut-être les horribles conséquences, exalté des imaginations dépravées, doivent faire sur eux-mêmes dans ce moment un pénible retour; ils ont encouru la plus grave, la plus inquiétante de toutes les responsabilités, celles de la conscience. Oui, nous le dirons hautement, et nous espérons que nous n'aurons plus à le répéter, les hommes qui refusaient au chef de l'État leurs respects et s'étudiaient à lui dénier incessamment les droits les plus sacrés; ceux qui couvraient d'outrages sa personne auguste, et paraissaient croire que sa mort ouvrirait à de certaines classes de la société une ère nouvelle de prospérité et de bonheur ; ceux-là qui réveillaient les souvenirs de 93, et qui exhumaient de l'oubli les écrits de cette détestable époque ; ces hommes ont armé le bras d'Alibaut peut-être autant que sa misère et sa honte. Puissent-ils maudire aujourd'hui les funestes effets de leurs prédications !

Une législation énergique a mis un terme à de semblables écarts ; nous ne reverrons plus ce débordement de doctrines impies qui ont si souvent compromis notre repos, et si dans quelques esprits malades restent encore quelques traces 'un désordre moral aussi dangereux, ces traces s'affaiblissent chaque jour, et bientôt elles seront complètement effacées.

Quelles pourraient être en effet aujourd'hui les espérances des ennemis du gouvernement? La Providence a prouvé qu'elle veille sur la France, en sauvant plusieurs fois les jours du prince à qui nous devons le règne des lois et le triomphe de l'ordre. Mais s'il eût été possible que le fer d'un assassin fît tomber la plus noble victime, ce ne sont pas, nous en avons l'intime conviction, les hommes paisibles qui auraient eu des dangers à courir, et nous frémissons à la pensée de ce qu'aurait pu être la subite explosion de l'indignation publique. Sans doute les fonctionnaires de tous les ordres auraient réuni et multiplié les efforts pour arrêter et comprimer dès l'abord de terribles réactions, et nous ne doutons pas qu'ils y seraient parvenus. Mais nous devions constater cette vérité qu'aujourd'hui les assassins compromettent et frappent les factions qu'ils veulent servir, et qu'ils ne sauraient ébranler ni la monarchie qui a été fondée aux acclamations unanimes du pays, ni la dynastie qui a reçu nos sermens.

La France, le roi et notre famille royale, long-temps éprouvées par les mêmes atteintes, ont resserré dans les périls qu'ils ont courus en commun les liens qui les unissaient. Chacun sait ce qu'il doit à l'autre; chacun sait ce qu'il peut en attendre, et si l'intérêt du pays, autant que la loyauté, ne nous disaient où sont nos devoirs, les tentatives des assassins nous l'auraient enseigné.

Voilà ce qui doit faire le désespoir des factieux. Voilà ce qui fait la sécurité de la France. Ainsi n'hésitons-nous pas à dire aux bons citoyens : « Vous avez tremblé pour les jours si précieux du roi. Vous avez frémi à la pensée qu'un lâche assassin vînt terminer une vie de dévouement et de sacrifices au pays, à la paix, aux intérêts sacrés de la civilisation. Rassurez-vous; l'indignation que vous avez témoignée, votre joie en apprenant que les calculs du crime avaient été déjoués, votre empressement à accourir auprès du monarque, sont de sûrs garans contre le retour de semblables dangers. En portant votre seconde pensée sur nos princes, en vous serrant autour d'eux, après avoir remercié le ciel d'avoir conservé le roi, vous avez doublement assuré sa vie; vous l'avez environné de la plus belle et de la plus forte cuirasse; c'est celle que naguère, dans des jours de désastres, il vous indiquait lui-même avec un juste orgueil; c'est votre loyal amour pour ses nobles enfans qui seront les héritiers de ses vertus et de son dévouement à la France.

« Nous, procureur-général du roi, près la cour des pairs,

« Attendu qu'il résulte de l'instruction et des débats, que, dans la journée du 25 juin 1836, le nommé Louis Alibaud s'est rendu coupable d'attentat contre la vie du roi;

· Attendu que le crime ci-dessus spécifié et qualifié est prévu par les articles 12, 13, 86 et 80 du code pénal,

« Requérons qu'il plaise à la cour déclarer le sus-nommé coupable dudit crime d'attentat contre la vie du roi;

« Requérons également qu'il plaise à la cour appliquer au susnommé les peines portées par les articles sus-énoncés.

« Fait au parquet de la cour des pairs, le huit juillet mil huit cent trente-six. »

PLAIDOIRIE DE Me CHARLES LEDRU.

Messieurs les pairs, un avocat, choisi comme conseil par un accusé de régicide qui avoue son crime, se trouve comme obligé, au moment où il se lève devant cette Cour, de parler d'abord de lui-même.

A ce titre, vous me permettrez de vous raconter quelques détails de ma première entrevue avec mon client.

— Je me suis rendu à votre appel, lui dis-je; mais hélas! que puis-je faire pour vous? Accusé de l'attentat que la loi appelle parricide, vous n'avez, dit-on, exprimé devant les magistrats que le regret de n'avoir pas réussi.... quel secours attendez-vous de mon ministère?

— La loi me condamne, répondit Alibaud; ma tête lui appartient, je le sais, et je ne songe pas à la lui disputer.

Mais voyez cette accusation! Ce n'est pas seulement ma tête qu'il lui faut; c'est l'honneur de toute mon existence passée, celui de ma famille, de mon pauvre père! Eh bien! non. Pour celui-là, je ne veux pas qu'on me le prenne: je le confie à votre garde. Je puis compter sur vous, n'est-ce pas? Vous me le promettez?

Vous l'avouerai-je, messieurs les pairs ? de ma vie je n'avais ressenti une pareille émotion.

Cet homme que j'avais abordé avec une sorte d'effroi, et seulement pour satisfaire à un devoir religieux, il me sembla tout à coup que c'était un ami, un frère mourant qui me dictait ses dernières volontés en me tendant la main..., je ne pus que la presser dans la mienne ; et, mêlant mes larmes à ses larmes, je lui promis, je lui jurai de défendre son honneur et de garder celui de son père.

Je viens m'acquitter de cette mission.

Pourquoi donc l'acte d'accusation ne s'est-il pas contenté de faire peser sur Alibaud l'attentat du 25 juin ? Pourquoi avoir voulu flétrir sa vie antérieure ? A quoi bon ce luxe d'injures ?

Est-ce qu'une accusation de régicide, prouvé, avoué, proclamé en quelque sorte, ne suffisait pas à elle-même ?

Mais non : on a formé un faisceau de je ne sais quelles misères inconnues dans la langue légale, on a cru apparemment que la morale publique exigeait qu'on les groupât comme des circonstances aggravantes autour d'un fait que la loi considère comme le plus grand de tous les crimes.

Permettez-moi, messieurs, pour détruire ces impressions funestes, de vous faire connaître quelques détails de la vie d'Alibaud.

Alibaud est issu d'une famille pauvre. Il l'a écrit de sa propre main dans une note qu'il a faite pour son défenseur.

Cette note commence ainsi :

« J'appartiens à une famille pauvre, et par conséquent honnête et probe. » (Rires et murmures sur plusieurs bancs.)

Dans cette seule ligne se manifeste tout l'homme.

« Du côté de ma mère, j'ai eu un oncle qui s'est dis-
» tingué sous Napoléon. Un sabre d'honneur, la décora-
» tion des braves et le grade de commandant de cavalerie
» ont été la récompense de loyaux services qu'il a rendus
» à sa patrie. »

Il continue :

« Je suis né à Nimes le 4 mars 1810.

» Mon père était voiturier. Il eut le malheur, dans un
de ses voyages, d'être volé sur la grande route; la corde
qui retenait les effets des voyageurs placés sur le derrière
de sa voiture fut coupée, et une malle ainsi qu'un porte-
manteau furent volés. Les propriétaires des effets volés
étant des hommes opulens réclamèrent une somme
exorbitante.

» Mon père ne pouvant payer une somme aussi considérable, fut mis en prison. Dès lors ces hommes bar-
bares jurèrent sa perte. Mon père, pour se tirer de cette
malheureuse position, emprunta à des amis et vendit une
grande partie de ce qu'il possédait pour compléter la
somme exigée par ces hommes inhumains.

» Il sortit de prison et travailla avec ardeur pour
donner du pain à sa famille. Quelque temps après, nous
fûmes habiter Narbonne, où l'auteur de mes jours éta-
blit des voitures qui faisaient le trajet de Narbonne à
Carcassonne.

» Des hommes riches établirent des diligences sur la
même route que celle exploitée par mon père, qui, ne
pouvant supporter la concurrence, vendit ses voitures
et se plaça comme conducteur de diligence.

» Étant trop âgé pour supporter les voyages, mon
père quitta l'état de conducteur pour établir un café.

» Ce café était onéreux pour mes parens ; obligés d'élever leurs enfans, ils quittèrent le café pour se mettre aubergistes. »

M⁰ Ledru, après avoir raconté quelques détails de la vie d'Alibaud, continue ainsi :

Un fait qu'Alibaud avait omis de mentionner sur les notes qu'il m'a remises, vous a été raconté à cette audience.

Vous ne l'avez pas oubliée, messieurs les pairs, l'histoire de cette jeune fille sauvée des flots par l'intrépide , l'audacieux nageur de seize ans , en présence de toute une population étonnée de tant de courage ; vous avez ressenti vous-mêmes l'émotion dont était pénétré le brave jeune homme qui vous a révélé ce trait de générosité.

Je dis un brave jeune homme ; car il faut plus de vertu qu'on n'en a communément pour rendre hommage à la vérité quand elle est favorable à celui qui se trouve sous le poids d'une si terrible accusation. Ce n'était pas le premier dévouement d'Alibaud : déjà, à quatorze ans, encore écolier, il s'était précipité dans le canal de l'Aude pour secourir le jeune Saissey, son camarade d'études , qui se noyait. Alors il n'avait consulté que son cœur ; car il n'avait pas réfléchi que la tâche était au dessus de ses forces. Déjà il était entraîné avec son ami, et tous deux allaient disparaître sous les flots, quand ils furent secourus par le commis de M. Brandi, banquier à Narbonne.

Infortuné! comment de si nobles actions n'ont-elles pas attiré sur lui les bénédictions de Dieu et la protection des hommes !

Alibaud avait commencé par être employé chez M.

Sarrère, négociant. Bientôt il sentit développer en lui d'autres dispositions.

Le commerce lui laissait quelques momens de liberté; apprenez de lui-même comment il les employait : « Je les employais, dit-il, à lire l'histoire de la république romaine, et surtout les victoires et c nquêtes de Napoléon. Enfin, je finis par m'enthousiasmer de la gloire; je ne rêvais que batailles. »

A 18 ans, il s'engagea comme volontaire dans le 15e léger, et fut immatriculé au corps le 26 juillet 1829.

Il devait passer caporal après une année révolue depuis son entrée au corps, èt être fait fourrier cinq jours après; cette année s'accomplissait précisément le 26 juillet 1830.

Voici en quels termes Alibaud raconte sa conduite dans les trois jours :

» Le 27 juillet, on nous fit prendre les armes : le peuple se disposait à secouer le joug du despotisme.

» Le 28, je passai dans les chambrées avec d'autres soldats, en disant aux camarades de ne pas tirer sur le peuple.

» Le même jour, à dix heures du matin, j'engageai mon camarade de lit à quitter la cause de Charles X pour embrasser celle du peuple. C'est ce que nous fîmes à l'instant même.

» Je restai neutre pendant le combat, parce que j'avais le préjugé de ne pas vouloir tirer sur des militaires, mes camarades.

« Le 29, je fus blessé sur une barricade; je fis un mois d'hôpital au Val-de-Grâce. »

Rentré au corps, Alibaud devint caporal, puis fourrier, et demanda son congé de réforme, qu'il obtint le 17 janvier 1834.

Avant cette époque, il s'était passé un fait signalé par l'instruction, et qu'il importe de placer sous son vrai jour.

Le défenseur d'Alibaud raconte une lutte des fourriers du régiment d'Alibaud avec des bourgeois de Strasbourg.

Il était resté seul pour protéger la retraite de ses camarades, il fut blessé grièvement à la tête.

Le général demanda la cassation du doyen des sous-officiers et du blessé ; Alibaud était l'un et l'autre.

« Eu égard à mes antécédens, dit-il, le colonel obtint du général de ne me faire déposer que mes épaulettes de carabinier, et je passai fourrier dans le centre. Cette cause, indépendante de ma volonté, retardait mon avancement de deux ans. Joignez à cela le dégoût que j'avais de me voir exposé à combattre le SYSTÈME POUR LEQUEL JE MEURS. »

Le défenseur raconte les efforts d'Alibaud à Lyon, à Carcassonne, à Perpignan; il le montre partout actif, zélé, modeste, au point de se contenter d'une place de vingt-cinq sous dans la télégraphie. Mais cette position ne lui permettait pas d'aspirer à un avenir qui fût une ressource pour la vieillesse de son père : il y renonça pour se livrer à des études longues et laborieuses dont il espérait un meilleur avenir.

En effet, croyant pouvoir obtenir un emploi lucratif dans une maison de commerce en Espagne, Alibaud prend un maître d'espagnol pendant deux mois, et il se retire seul à la campagne pendant six mois pour achever l'étude de cette langue.

Déjà une pensée politique, pensée intérieure, profonde, le tourmentait.

Il obéit à cette pensée en allant à Barcelone se joindre

aux hommes qui voulaient établir la republique en Espagne.

L'acte d'accusation parle à ce sujet de bandes qui avaient reçu une effroyable mission.

Alibaud, messieurs, était étranger à ces bandes; il allait en Espagne simplement pour se joindre à ses co-religionnaires politiques qui voulaient y proclamer la république.

Mais jamais il n'a fait partie des troupes des divers partis dont les excès en Catalogne épouvantent le monde civilisé.

M. Ledru suit successivement Alibaud à Paris, rue Valois-Batave, chez le sieur Morin.

Tous les témoignages attestent qu'on ne peut lui reprocher ces inclinations basses que lui prête l'acte d'accusation.

L'avocat cite les dépositions de Recoule et de Morin.

« Il témoignait, dit ce dernier, du dégoût de la vie; je cherchai à le détourner de ces idées en lui disant qu'il était jeune et qu'il pouvait améliorer sa position. »

« Il écrivait beaucoup, parlait peu... Il disait que la vie n'était rien. »

Le défenseur peint le dénuement d'Alibaud, le montre supportant sa détresse avec douleur, mais avec dignité : car enfin, dit-il, s'il est réduit à contracter quelques dettes envers le témoin Recoule, concierge de l'hôtel; rappelez-vous que la pensée de ces faibles emprunts le trouble et l'humilie au point de le faire renoncer à la vie. Recoule vous l'a dit : « Un jour, il lui demanda du papier... et du charbon. » Et il a établi que cet infortuné avait voulu s'asphyxier pour échapper à l'humiliation des services qu'il pouvait néanmoins accepter sans rougir.

A peine placé, il s'empresse d'apporter 15 francs sur

ses modiques appointemens à celui qui l'avait généreusement secouru, et il lui souscrit un billet pour le reste de la somme qu'il lui doit. Le billet était payable au 31 juillet... Alors il savait qu'il ne serait plus ! mais il savait aussi qu'il pourrait léguer l'acquit de cette dette à l'honneur de son vieux père et de ses amis !

Ne pensez pas, MM. les pairs, que je veuille ici excuser les projets de suicide, réhabiliter un triste désespoir que mes principes condamnent. Sans doute, il n'est pas permis à Alibaud de disposer de son existence; le faire était un oubli de ses devoir : mais si c'était une faute, ce n'était point une de celles qui avilissent. Cette faute, au contraire, prenait sa source dans un excès de délicatesse : et elle est elle-même la plus touchante protestation contre cette accusation d'inclinations basses et perverses que M. le procureur-général lui prête si cruellement !

Alibaud se place enfin, dit Me Charles Ledru, chez mademoiselle Darly, marchande de broderies, mais il était inhabile à remplir des fonctions si peu conformes à sa vie antérieure, il se retira de lui-même.

Cette demoiselle a été entendue dans l'instruction : elle a donné des détails sur le caractère d'Alibaud. Il était, a-t-elle dit, d'une extrême timidité, (Marques d'étonnement parmi les pairs.)

Messieurs, dit Me Ledru, ne vous en étonnez pas. Dans la vie privé, cet homme si ferme était doux et bon; mais devant vous, il appelle à son aide toute son énergie. Dans sa pensée, vous êtes ses ennemis : il vous parle en ennemis.

Arrivant au séjour de son client chez Batisa, le défenseur rappelle le procès qui lui valut la perte de sa nouvelle place; sa position était cruelle.

Batisa s'était souillé d'une action honteuse. Alibaud est appelé en témoignage : s'il dit la vérité, il trahi son patron. Mais d'un autre côté, il répugne à sa conscience d'en imposer à la justice pour justifier un fait coupable. Dans cette situation, il aima mieux s'exposer aux rigueurs de la loi que de commettre un mensonge, et on punit son silence de 5o francs d'amende.

Et cependant, quelle fatalité! ce fut pour ce généreux silence que Batisa le renvoya.

Après avoir rappelé les témoignages honorables donnés sur la conduite d'Alibaud par Froment, Félix et Dubois, chez lequel il était en pension, M° Ledru continue ainsi : Voilà la vie antérieure de l'accusé : Permettait-elle à l'accusation de lui reprocher une cupidité paresseuse et vaine, afin de lui prodiguer tous les outrages qu'on lui a adressés, comme si tous ces lieux communs étaient nécessaires dans une cause où moi-même, en votre présence, je suis obligé de confesser, malheureux que je suis, que je ne puis rien opposer à l'accablante accusation qui repose sur des témoignages certains, irrécusables, et sur le terrible aveu d'un accusé qui s'empresse d'offrir à M. le procureur-général un si facile triomphe!

Ici, dit M° Ledru, permettez-moi, messieurs, sans manquer aux convenances, de vous soumettre quelques réflexions.

C'est une chose étrange et qui confond toutes les pensées, que de voir un homme honnête et bon dans la vie ordinaire concevoir une si affreuse résolution, et toutefois l'histoire atteste que les passions politiques ont toujours enfanté cette anomalie.

La morale est une : elle est éternelle, et cependant voyez l'orateur romain, il n'absout pas seulement le meurtre de César; il glorifie Brutus, il le présente comme un exemple à la postérité.

Tacite n'a-t-il pas dit aussi dans son effrayante concision : « RECTE OCCISUS TUIT. »

Ce qui résulte de là, Messieurs, c'est que souvent en politique on croit bien ce qui est mal : c'est que dans un certain ordre d'idées on peut trouver le crime en cherchant la vertu.

Si donc quelque chose m'a rassuré un instant, c'est qu'Alibaud a pour juges des hommes qui ont assez médité sur le cœur humain pour comprendre les aberrations dont ne se sont pas toujours garantis ceux mêmes que l'humanité a reconnus comme ses maîtres et ses guides.

Ne croyez pas que je vienne ici, mentant à mes principes, reconnaître votre juridiction contre laquelle au contraire je proteste de toutes mes forces; mais il me semble que ce que je ne pourrais pas dire devant des juges ordinaires je puis le dire devant vous.

Messieurs les pairs, vous êtes des hommes politiques, au dessus des préoccupations et des mesquins aperçus du vulgaire; vous pouvez donc apprécier des passions politiques.

Vous connaissez assez les choses du passé pour croire qu'un forfait politique peut prendre quelquefois sa source dans une conscience pure mais égarée; ce point admis, messieurs, planez du haut de votre position sur les conséquences de cette cause.

Si vous étiez un tribunal ordinaire, je n'aurais pas à vous exposer ces considérations; mais vous êtes tout-puissans.

J'oserai vous demander que est le parti le plus utile que, comme hommes politiques, vous ayez à adopter?

Ferez-vous tomber cette tête? MM. les pairs, cela serait légal; mais cela ne serait pas une mesure utile au gouvernement lui-même.

Et, en effet, quand l'accusé aura péri sur l'échafaud, croyez-vous que ce soit un gage de salut et de prospérité pour les intérêts de la royauté? Non, ne le croyez pas.

Dès long-temps l'échafaud est dressé contre ceux qui attentent à la sécurité des gouvernemens; qu'est-ce que ces mesures ont produit?

Il y a à peine quelques jours trois exécutions ont eu lieu; ont-elles désarmé le bras d'Alibaud? Loin de là: toute exaltation politique est basée sur les rigueurs vraies ou fausses, justes ou injustes du pouvoir.

Mais, au lieu de rigueurs, supposez la clémence: quelle exaltation pourrait-elle enfanter? On parle d'exemple! mais le sang versé, au lieu de le calmer, excite le fanatisme, et les précautions les plus sages ne peuvent empêcher un homme qui a renoncé à la vie d'attenter à celle d'un autre.

Messieurs les pairs, je vous convie à la clémence. L'accusé n'en veut pas; ah! repoussez ses vœux, couvrez-le de votre pardon.

J'ai le droit de désobéir à l'accusé puisqu'il m'a chargé de le défendre. Ce qui me désespère, c'est de ne savoir que vous dire pour vous faire comprendre tout ce que je ressens moi-même en faveur de cet infortuné.

Non! Il ne doit pas périr, messieurs les pairs. Vous le voyez bien; vous devez le sentir comme moi..... Vous ne devez pas faire tomber cette tête si noble, au milieu même de l'effroi que vous inspire la fermeté d'Alibaud.

. . . . Encore un mot, messieurs; je ne veux rien avoir

de caché pour vous. Cette nuit, dans le trouble qui m'agite depuis que cette terrible affaire m'a été confiée, ne sachant que dire pour cet homme, voyant partout des abîmes devant moi, je jetai les yeux sur ce livre, je l'ouvris;.... c'était Corneille, le grand Corneille, à qui je demandais conseil dans le silence du trouble de mes veilles.

J'y vis, messieurs, qu'un jour Auguste avait découvert la conspiration de Cinna, de Cinna comblé de ses bienfaits.

> « Tu veux m'assassiner, demain, au Capitole,
> » Pendant le sacrifice, et ta main pour signal
> » Me doit, au lieu d'encens, donner le coup fatal ! »

Voilà les paroles d'Auguste.

Auguste était victime et juge ! il fut clément... Depuis lors, le poignard des meurtriers ne rechercha plus sa poitrine.

Messieurs, soyez clémens envers Alibaud... c'est la politique la plus sûre.

M. Ledru se rassied, vaincu par l'émotion; l'accusé se penche vers lui et lui fait un signe de remerciement.

Alibaud se lève, porte un regard assuré sur l'auditoire, comme pour imposer le silence, déploie les feuillets d'un manuscrit, et d'une voix ferme et accentuée commence ainsi la lecture d'un discours écrit cette nuit dans sa prison :

Messieurs les pairs,

Je n'ai jamais eu l'idée de défendre ma tête; mon intention était de vous l'apporter loyalement, croyant que vous l'auriez prise de même.

Un conspirateur réussit ou meurt; mais moi, réussissant

ou non , la mort était mon partage. Je ne voulais pas tomber vivant entre les mains de mes ennemis ; de même , je n'aurais voulu retirer de ma réussite qu'une mort glorieuse et populaire.

Ce n'est donc pas pour défendre ma tête que je prends la parole. Vous avez attaqué en moi quelque chose de bien plus cher que la vie, mon honneur. C'est lui seul que je veux défendre, parce qu'en le défendant je défends aussi ceux qui portent mon nom.

Messieurs, l'acte d'accusation n'est empreint que de passion, de fiel et de mensonge. (Se tournant vers le banc où siégent le procureur-général et ses substituts) : Des magistrats aussi haut placés ne devaient pas employer d'aussi petits moyens que ceux de M. le procureur-général pour perdre de réputation un homme du peuple, un républicain, à qui l'on ne donne pas le temps de défendre son honneur, aussi déloyalement attaqué.

Dans vos investigations, Messieurs, vous avez en votre pouvoir les télégraphes, les mgistrats de chaque département, sans parler de l'agent le plus digne de ce siècle d'égoïsme , la corruption. Et moi , Messieurs , il n'y a que les personnes qui m'ont connu qui auraient pu me défendre contre d'odieuses calomnies. Mon avocat vous a demandé d'ajourner mon jugement de quelques jours, pour donner le temps à ces personnes d'arriver, et vous le lui avez refusé. La justice doit-elle se ravaler ainsi ?

Il y a certaines calomnies que le sens commun fait tomber d'elles mêmes : le dire que l'on m'attribue au sujet de Fieschi, par exemple. Qu'y a-t-il de commun entre Fieschi et moi? et pourquoi parlerais-je de cet homme ?

On m'inculpe d'avoir des inclinations basses, et l'on ne me donne pas le temps de détruire l'odieux de ces inculpations par le témoignage des hommes qui me connaissent. On m'accuse, et je ne puis me défendre. Ce peut être là de la justice expéditive ; ce n'est pas de la justice telle que je la comprends dans mon humilité , moi homme du peuple que vous appelez pervers. (Se tournant vers M. Martin du Nord) : Il ne vous manquerait plus , monsieur le procureur-général , que de m'appeler un intrigant , comme tant d'autres éclos au soleil de juillet.

Pour moi, en juillet 1830, j'étais militaire, et en garnison à Paris. Je quittai la cause de Charles X pour embrasser celle du peuple. Voilà tout ce que j'ai demandé à cette révolution, et c'est pour cela sans doute qu'on lit dans votre acte d'accusation que je suis dévoré de cupidité sans avoir assez de cœur pour travailler à la satisfaire.

Oui, je l'avoue, j'ai participé à l'installation de la royauté républicaine, gouvernement à bon marché, qui devait rendre le peuple heureux et la France glorieuse, quoique, en ma qualité de républicain, j'eusse en horreur toute royauté, parce que toute royauté est pour elle, et non pour le peuple. Cependant, avant le 6 juin, jamais je n'ai eu la pensée d'assassiner Louis-Philippe. Mais, dès-lors, il n'y eut plus de gouvernement représentatif; le roi seul gouverna, il mit la charte hors la loi. Ses ministres dirent que c'était lui qui faisait tout..... Si le roi est tout, c'est donc de lui que vient le mal, me dis-je. C'est pourquoi, détestant le mal, c'est-à-dire la tyrannie, les massacres qui ont déshonoré Paris, puis ensuite les sanglantes exécutions de Lyon, je résolus de couper le mal dans sa racine, et de venger en même temps cette brave Pologne, dont l'assassin ne figure pas ici, Messieurs les pairs. Loin de là; M. le procureur-général ferait volontiers son éloge : car ce magistrat, qui n'aime pas les assassins des rois, pardonne sans doute aux assassins des peuples.

Il est, dans la nature, des hommes qui s'élèvent contre la domination, l'injustice et l'arbitraire. Le droit des hommes contre la tyrannie est personnel.

Lorsqu'un prince viole les constitutions du pays, et qu'il se met au dessus des lois, les hommes ne sont pas obligés , mais ils sont forcés d'obéir. Alors, on repousse la force par la force.

J'avais, à l'égard de Philippe Ier le même droit que celui dont usa Brutus contre César. (Violente interruption.)

Lorsque j'ai attaqué le roi, il était défendu par plus de soldats que n'en eut Napoléon pour reconquérir son trône.

Le roi gouvernant est responsable de tous les actes qui émanent du pouvoir ; le roi mettant Paris en état de siége se met dans le même cas qui a fait condamner, par la chambre des pairs, l'ex-ministre Polignac.

Le régicide est le droit de l'homme qui ne peut obtenir justice que par ses mains. (Violens murmures sur les bancs de la pairie.)

Le président, après avoir consulté du regard l'assemblée, dit : — Je ne puis vous laisser continuer un pareil langage. Asseyez-vous.

Alibaud, d'une voix émue. — Vous demandez ma tête, c'est à moi de la défendre ! (Il reste debout en arrêtant son regard sur le visage du président. Les gendarmes prennent Alibaud par le bras et le forcent à s'asseoir.)

Alibaud se rassied, plie son papier, le tend à Me Ledru, et lui dit : — M. Ledru, je vous confie ce manuscrit.

Le président vivement. — Me Ledru, vous ne pouvez conserver ce papier ; il faut le remettre au greffe.

Me Ledru. — Je le reçois, M. le président ; il m'est confié.

Le président. — Vous ne pouvez pas le garder, c'est une pièce du procès.

Me Ledru. — La cour peut s'en rapporter à ma discrétion.

Le président. — Remettez-le au greffier.

Me Ledru, après quelque hésitation, remet le papier à M. Sajou, chef des huissiers, qui le porte au greffier. Celui-ci le cache aussitôt dans le dossier (1).

(1) On assure qu'Alibaud s'attendant à la saisie de son manuscrit en avait fait une double copie de sa main, et l'avait remise à son avocat, en le priant de la garder pour lui, comme un souvenir, si le président de la cour des pairs lui permettait de lire son discours. Dans le cas contraire, M. Ledru était chargé de la mettre en main sûre.

M. Ledru, dit-on, avait à l'audience ce second manuscrit parmi les autres notes

Me Auguste Bonjour se lève pour prendre la parole. Je ne puis, dit-il, laisser la cour sous les impressions des paroles...

Alibaud se lève, frappe légèrement sur l'épaule de M. Bonjour : —Ah! je vous comprends, M. l'avocat; vous voulez demander pour moi grâce et pitié; mais moi, je ne veux inspirer d'autre sentiment que l'estime ou la haine.

M. Bonjour se rassied aussitôt.

RÉPLIQUE DU PROCUREUR-GÉNÉRAL.

M. Martin (du Nord), procureur-général. —Nous ne comptions pas reprendre la parole, mais ce que vous avez entendu nous en impose l'obligation.

Loin de nous, Messieurs, de répondre aux horribles doctrines que vous avez entendues sortir de la bouche de l'accusé, et que M. le président a justement arrêtées. Nous estimons trop haut notre ministère, nous honorons trop le caractère de la cour devant laquelle nous parlons, pour chercher à détruire les affreux principes que cet homme a osé écrire et professer. Nous les livrons à l'indignation de la France.

Mais il est quelques-unes de ces pensées qui, sorties de la bouche du défenseur, présentent, sous un voile plus ou moins transparent, des doctrines qu'il n'est pas possible de laisser passer sous silence.

Alibaud, se levant. — Non, Monsieur, c'est moi... (On fait rasseoir l'accusé.)

M. le procureur-général. — Messieurs, un régicide est traduit devant vous. Nous l'avons dit, et nous le répétons, il n'est pas un bon citoyen, un Français digne de ce titre, à

de la main d'Alibaud, c'est pour éviter la saisie de cette pièce historique sur laquelle M. Feisthamel avait paru porter les yeux au moment où l'accusé la passa à son défenseur, que M. Ledru se rendit à l'invitation de M le président.

On dit aussi, qu'un très grand personnage d'Angleterre a offert un prix considérable de ce manuscrit qui serait arrivé à Londres dès le lundi 11 juillet. Ce personnage désirait, dit-on, que cette somme servît à secourir la vieillesse du père d'Alibaud.

qui il ne doive inspirer une profonde horreur ! Et l'on est venu vous parler d'erreur politique l'on a cherché dans l'histoire de *fausses assimilations*! On a prétendu qu'un si grand coupable pouvait encore être un homme estimable ; que quand il trouvait *le crime*, c'était *la vertu* qu'il cherchait !

Au milieu de la démoralisation dont sont atteints certains esprits ; au milieu des égaremens où se laisse entraîner une malheureuse partie de la jeunesse, une pareille doctrine doit être énergiquement flétrie. Le régicide, loin de pouvoir jamais être excusé, est le plus abominable des forfaits. Oui, c'est le crime qui laisse tous les crimes loin derrière lui ; le voleur, le faussaire peuvent encore inspirer quelque pitié ; ils ont pu être aveugles, entraînés par quelque passion qui les excite ; ils peuvent exciter quelquefois une sorte de commisération... Mais le régicide ! le régicide est de tous les assassins les plus odieux par le mal imminent que son forfait peut entraîner. Ce n'est pas seulement un époux, un père, que sa fureur poursuit ; ce ne sont pas seulement les larmes d'une famille qu'il va faire couler ; c'est la patrie, c'est l'Etat lui-même qu'il frappe au cœur en frappant celui sur la tête duquel reposent les destinées publiques. Qu'un tel homme soit donc à jamais, dans tous les temps, chez tous les peuples civilisés, un objet d'exécration et d'horreur ! C'est un tel coupable qui est devant vous, et il ose parler de l'estime publique ! On vous parle de son passé, des actions de sa jeunesse ? Et quel est donc le passé, quelles sont les actions de jeunesse qui puissent balancer l'horreur d'un tel forfait ! Quels sont les faits antérieurs qui pourraient fléchir votre pitié et amollir votre justice ! Ce sont donc de détestables doctrines que celles qui ont été professées depuis plusieurs années, et qui tendent à voiler l'horreur du crime.

Quand nous signalions cette vérité dans notre réquisitoire, nous étions dirigé par un sentiment de haute moralité. Oui, c'est une idée morale et qu'il faut proclamer, un pareil crime ne peut être commis que par l'homme le plus vil et le plus dégradé. Tels aussi nous avons trouvé tous ceux qui, dans cette carrière impie, ont précédé Alibaud.

Il a parlé de Fieschi, comme si le rapprochement entre Fieschi et lui était une injure pour sa moralité! Fieschi avant son attentat, avait été flétri par les tribunaux; Alibaud a mérité de l'être pour escroquerie, pour abus de confiance; c'est donc la même bassesse, la même improbité qui précède le crime.

On a parlé de son voyage en Espagne, de ses idées louables, généreuses; mais que voyons-nous? Un homme qui fuit sa patrie, parce qu'il ne peut par un travail légitime se procurer les jouissances matérielles dont il est avide. Il va se joindre à ces intrigans qui portent l'anarchie partout où ils se présentent, et lui Français, qui pouvait rester dans son pays, va se jeter sur une terre étrangère et y allumer, s'il le peut, le feu d'une révolution. Ses projets sont déjoués; il part et revient à Paris. Là quelle est sa vie? Il obtient un emploi honnête et lucratif; bientôt son maître est obligé de le renvoyer.

Le voyez-vous cet homme qui se présente ici fièrement comme un homme estimable, c'est par des escroqueries qu'il trouve des moyens d'existence! Et, en effet, quand il revient de Perpignan à Paris, quelles sont ses ressources? Une somme dérobée à ses parens; l'instrument même de son crime, comment se le procura-t-il? Car il n'a pas même de quoi le payer, tant est grande sa misère, fruit de la paresse et du désordre; il se le procura par une manœuvre frauduleuse, pour laquelle seule, devant tous tribunaux, il eût subi une juste flétrissure; il se donne un crédit qu'il n'a pas; il fait des promesses d'argent qu'il ne pourra pas remplir, et souscrit des billets qu'il sait bien ne devoir jamais payer. Sa famille les paiera, dit-il. Mais sa famille est dans le besoin, il le sait mieux que personne; et c'est après tous ces actes d'indélicatesse qu'il vient parler de probité, d'honneur ! Non, disons-le, puisque les faits le prouvent, Alibaud , avant de devenir le 25 juin un scélérat exécrable, Alibaud était un homme méprisable et vil ! Il était réduit au désespoir du suicide. La vie lui était un fardeau , une honte : un orgueil insensé , une conduite désordonnée l'avaient détourné de tout travail honorable; et sans doute c'est le même orgueil qui l'a fait courir après l'affreuse célébrité d'un grand crime.

Oui, Messieurs, l'orgueil ! N'avez-vous pas été frappés d'entendre un homme d'une éducation moins qu'ordinaire, s'ériger en juge des institutions de son pays, vous parler de la violation de la charte et des lois, des besoins de la patrie, de la prospérité publique entravée par le chef de l'état, tandis que le malheureux n'avait qu'à ouvrir les yeux pour voir ce qui frappe tous les regards, que jamais le pays ne fut plus libre, la prospérité plus générale, la vie plus facile à quiconque veut honnêtement l'employer : bienfaits immenses dus à nos lois, à la vigilance du gouvernement, et surtout à l'éminente sagesse du prince auguste qu'il voulait nous enlever.

On vous a parlé de clémence. Si elle était possible, nous serions les premiers à l'admettre, et vous en suivriez aisément l'inspiration. Mais, croyez-vous, Messieurs, pour combattre des doctrines insensées et prévenir leurs sinistres résultats, la fermeté seule est salutaire; elle seule peut donner à l'avenir les garanties désirables. Mais ce n'est pas seulement de la terreur du châtiment que nous les attendons; nous conservons un autre espoir, puissent les hommes qui répandent si aisément des principes funestes, de ces doctrines mortelles à l'ordre social, réfléchir un moment à la vue d'un si terrible exemple, et faire un retour sur eux-mêmes ! Que la presse comprenne la grandeur et l'utilité de sa mission ! qu'elle tremble d'égarer les jeunes imaginations, d'enflammer ces cerveaux maladifs, où le crime peut couver long-temps et éclore tout-à- coup à une voix imprudente, qui ne le prévoyait pas, qui ne l'appelait pas. Que la presse s'attache à répandre les sentimens honorables, à élever les âmes, à les émouvoir d'idées de religion et de morale, c'est alors que sa mission est belle, et ses prédications utiles !

Si, dans un pays tel que le nôtre, plein de grandeur et de générosité, où la liberté est si assurée, si douce, la prospérité si générale, il surgissait encore quelques misérables qui tentassent de compromettre tant de bien, il n'y aurait plus contre eux qu'un sentiment d'horreur et d'aversion. Qu'ils le sachent donc bien, et ce sera notre dernière parole, que le gouvernement set ferme, inébranlable. Les destinées de la France sont liées à celles du roi, à celles de sa famille. Cette alliance est indissoluble.

Le président. — Alibaud, je vous ai retiré la parole dans un moment où, au lieu de parler pour votre défense, vous parliez pour votre accusation. Avez-vous maintenant quelque chose à dire qui ne soit pas l'apologie du régicide et de l'assassinat?

Alibaud. — Eh bien! sauf cet article, le manuscrit que vous m'avez retiré contenait ma défense. Laissez-moi continuer.

Le président. — Alors continuez.

Sur l'ordre de M. Pasquier, M. Sajou, huissier, va prendre le manuscrit des mains du greffier, et le remet à l'accusé.

Alibaud, le visage pâle, la voix ferme et assurée, reprend ainsi sa lecture : « Ne croyez pas, messieurs, que je me glorifie d'être placé parmi les régicides, un tel titre n'est pas à envier; c'est une cruelle nécessité que j'ai dû subir! Tuer son semblable est un acte contre nature; il faut s'y sentir irrésistiblement poussé pour avoir le courage de le commettre : il fallait que je me sentisse accablé d'un profond malheur et surtout pénétré des maux affreux de la patrie : ce sont les actes du gouvernement de Philippe Ier qui ont fait un régicide d'un homme qui eût pu être vertueux : le système que ce roi suit avec acharnement....

Depuis quelques instans un sourd murmure se fait entendre sur les bancs de messieurs les pairs; il couvre presque en ce moment la voix de l'accusé.

Le président, au milieu du bruit. —Je ne puis vous laisser continuer....passez, passez!...

Alibaud, après avoir passé plusieurs feuillets. — J'ai employé toute sorte de moyens honnêtes pour vivre honorablement; j'ai fait tout ce qui était en mon pouvoir pour venir au secours de mes parens; mais la corruption du siècle est si grande, que l'homme de bien est constamment dupe des fripons.

J'ai voulu remonter à la source de mes malheurs : je l'ai trouvée en grande partie dans le roi qui gouverne la France. (Murmures sur les bancs de la pairie; divers membres se lèvent pour engager M. le président à lui retirer la parole; plusieurs s'écrient : Assez! assez! c'est toujours la même chose.)

Le président. — Il est impossible de tolérer un pareil langage! Accusé, taisez-vous!

Alibaud. — La corruption dans ceux qui veulent gouverner les autres, est le plus grand fléau de l'humanité! (Vive et bruyante interruption.)

Alibaud, pâle, agité, élève la voix et s'écrie de nouveau : La corruption dans celui qui gouverne les hommes, est le pire des fléaux : elle découle du trône, pour se répandre sur les peuples...

Le procureur-général (se levant). — Nous demandons formellement que la parole soit retirée à l'accusé. (Mouvement.)

Le président. — Huissier, retirez à l'accusé le manuscrit de son discours.

M. Sajou prend vivement le manuscrit dans les mains d'Alibaud, près de qui il est resté placé, et se dirige vers le couloir de gauche.

Alibaud. — Si mes vérités ne sont pas agréables à certaines oreilles, force m'est ici de me taire...

(Il se rassied et regarde M. le président, que paraît avoir vivement ému cet incident.)

Le président. — Les débats sont clos. Gardes, reconduisez l'accusé dans sa prison.

Deux gardes municipaux prennent Alibaud par chaque bras, tandis qu'un troisième le tient par les reins au-dessous des aisselles; le reste du peloton de municipaux marche derrière avec ses officiers.

Le président. — La Cour se retire dans la chambre du conseil.

Il est midi et demi, MM. les pairs sortent de la salle.

A deux heures, la Cour rentre en audience, et M. le président, en l'absence de l'accusé, prononce au milieu d'un profond silence l'arrêt suivant :

ARRÊT.

« La cour des pairs,

» Vu l'arrêt du 2 de ce mois, ensemble l'acte d'accusation dressé en conséquence, contre

» Alibaud (Louis) ;

» Ouï les témoins en leur dépositions et confrontations avec l'accusé ;

» Ouï le procureur-général du roi en ses dires et réquisitions, lesquelles réquisitions ont été par lui déposées sur le bureau de la cour et sont ainsi conçues : (V. pag 131.)

» Après avoir entendu l'accusé en ses moyens de défense présentés, tant par lui que par Mes Charles Ledru et Auguste Bonjour, ses défenseurs,

» Et après en avoir délibéré ;

» Attendu que Louis Alibaud est convaincu d'avoir, le 25 juin dernier, par l'emploi d'une arme à feu, commis un attentat contre la personne et la vie du roi;

» Déclare Louis Alibaud coupable d'attentat contre la personne et la vie du roi ;

» Crime prévu par les art. 86, paragraphe 1er, 88 et 302 du Code pénal, ainsi conçus :

» Art. 86, paragraphe 1. L'attentat contre la vie ou la personne du roi est puni de la peine du parricide.

» Art. 88. L'exécution ou la tentative constitueront seules l'attentat.

« Art. 302. Tout coupable d'assassinat, de parricide, d'infanticide et d'empoisonnement, sera puni de mort, sans préjudice de la disposition particulière contenue en l'article 13, relativement au parricide.

» Vu les articles 7, 12, 13 et 36 du Code pénal, ainsi conçus :

» Art. 7. Les peines afflictives et infamantes sont :

» 1º La mort.

» Art. 12. Tout condamné à mort aura la tête tranchée.

» Art. 13. Le coupable, condamné à mort pour parricide, sera conduit sur le lieu de l'exécution, en chemise, nus pieds et la tête couverte d'un voile noir.

» Il sera exposé sur l'échafaud, pendant qu'un huissier fera au peuple lecture de l'arrêt de condamnation, et il sera immédiatement exécuté à mort.

» Art. 36. Tous arrêts qui porteront la peine de mort, des travaux forcés à perpétuité et à temps, la déportation, la détention, la réclusion, la dégradation civique et le bannissement, seront imprimés par extrait.

» Ils seront affichés dans la ville centrale du département, dans celle où l'arrêt aura été rendu, dans la commune du lieu où le délit aura été commis, dans celle où se fera l'exécution et dans celle du domicile du condamné.

» Condamne Louis Alibaud à la peine du parricide ;

» Ordonne qu'il sera conduit sur le lieu de l'exécution, en chemise, nus pieds et la tête couverte d'un voile noir, qu'il sera exposé sur l'échafaud, pendant qu'un huissier fera au peuple lecture de l'arrêt de condamnation, et qu'il sera immédiatement exécuté à mort ;

» Le condamne, en outre, aux frais du procès, desquels frais la liquidation sera faite conformément à la loi, tant pour la portion qui doit être supportée par le condamné, que pour celle qui doit demeurer à la charge de l'état.

» Ordonne que le présent arrêt sera exécuté à la diligence du procureur-général du roi, imprimé, publié et affiché partout ou besoin sera, et qu'il sera lu et notifié à l'accusé, par le greffier en chef de la cour.

» Fait et prononcé le 9 juillet 1836, à l'audience publique de la cour : suivent les signatures de tous les pairs qui ont répondu à l'appel nominal. (Voir page 55.)

DEMANDE EN GRACE.

Plusieurs journaux, sur la foi d'une feuille judiciaire, ont annoncé que l'avocat d'Alibaud avait fait des instances réitétérées auprès de son client pour l'engager à demander sa grâce. Nous savons de bonne source que les choses ne se sont pas ainsi passées.

Voici textuellement les paroles échangées à cet égard entre M. Ledru et le condamné dans la journée du dimanche.

« Mon cher Alibaud, mon ministère n'est pas accompli : j'ai l'intention de solliciter votre grâce et je viens vous en demander la permission. — La seule grâce que je demande, dit Alibaud en souriant, sans affectation, c'est qu'on m'exécute sans retard. — Au moins ne me défendez pas de faire cette démarche, dit M. Ledru, je vous en supplie, non pas pour vous dont je connais la résolution, mais pour votre père à qui je dois compte de ma mission. — Je ne veux pas vous causer de peine, repartit Alibaud : faites comme vous voudrez, à condition que je n'y sois pour rien... »

M. Ledru se rendit immédiatement chez le Garde-des-Sceaux, mais le ministre étant parti pour Neuilly, M. Ledru s'y rendit immédiatement et fit présenter au Roi un placet ainsi conçu :

« Sire,

Alibaud, décidé à mourir, m'a légué le soin de consoler son vieux père.

Je viens, pour remplir cette sainte mission, vous supplier de jeter un regard de clémence sur un condamné dont l'inébranlable résolution rendra plus éclatante encore la grâce que V. M. laissera tomber de son trône.

Il était impossible, sire, de vaincre l'obstination d'un homme trop dédaigneux de la vie pour vouloir la prolonger d'un seul jour; mais il m'a semblé que s'il est du devoir de tout citoyen de pardonner à son ennemi, il est digne du premier citoyen de l'État de pardonner à son assassin,

Je suis avec respect, etc.

Signé : CHARLES LEDRU.

Le soir même, à l'issue du conseil des ministres, on apprit que le pourvoi avait été rejeté.

EXÉCUTION D'ALIBAUD.

Alibaud, dès le samedi soir, croyait fermement que son exécution aurait lieu le lendemain matin; aussi s'était-il jeté tout habillé sur son lit. Réveillé vers les cinq heures du matin, et apprenant que ce n'était pas encore son dernier jour, il prit le parti de se coucher.

Il passa la journée du dimanche assez gaîment, chantant toutes les chansons républicaines présentes à sa mémoire.

Hier, dans l'après-midi, le défenseur d'Alibaud avait enfin obtenu la permission de communiquer avec le condamné; il l'a trouvé ferme et résigné à son sort. Après un entretien d'une demi-heure, Me Charles Ledru s'est retiré,

A onze heures et demie, le condamné a fredonné d'une voix mélancolique quelques couplets en patois languedocien, puis il s'est endormi, et n'est sorti de son profond sommeil que vers deux heures du matin. A peine éveillé, il a demandé à un sergent de ville, placé près de son lit, de lui procurer le moyen de fumer ; on s'est empressé de satisfaire à son désir ; il a engagé dès-lors une conversation dont seul il soutenait le ton enjoué, et qui s'est terminé ainsi : — Fait-il beau ce matin ? — Oui, le soleil s'est levé brillant comme tous les jours passés. — Tant mieux, mais je crois fort que le temps est pour moi à l'orage. Au reste, mieux vaux aujourd'hui que demain !

En ce moment, la porte de la prison s'ouvrit, et un ecclésiastique, M. l'abbé Grivel, se présenta, accompagné de M. Olivier-Dufresne, inspecteur-général des prisons. Alibaud, qui avait eu le temps de se lever, les reçus avec une extrême politesse ; s'approchant du prêtre : « Toutefois, je n'ai nullement besoin de vos services, dit-il, je suis en paix avec ma conscience. »

A quatre heures l'exécuteur est arrivé à la prison du Petit-Luxembourg ; on prévint alors Alibaud, qui, avant de descendre dans la petite pièce de l'avant-greffe, où tout est disposé déjà pour la fatale toilette, demande encore une pipe qu'il allume ; puis, d'un pas ferme, il descend les degrés, traverse les couloirs, et arrive dans la pièce où se trouvent l'exécuteur, ses aides, M. l'abbé Grivel, M. Ollivier-Dufresne, M. Sajou et le corcierge de la prison. Après avoir salué cette sinistre assemblée, Alibaud s'assied sur le tabouret au milieu d'un profond silence ; sa figure est pâle, mais aucune émotion ne se trahit sur ses traits aucune contraction ne se manifeste dans sa contenance.

L'exécuteur, après lui avoir coupé les cheveux à la partie postérieure de la tête, et lui avoir enlevé le col de sa chemise, lui porte la main sous le menton pour s'assurer que le collier de barbe qui lui entoure le col n'apportera aucun obstacle à l'exécution. Alibaud fait un mouvement, comme si ce contact lui inspirait un sentiment d'horreur ; mais son sourire semble dire à l'exécuteur qu'il peut s'épargner une précaution futile. Il se lève alors, et l'exécuteur l'invite à cesser de fumer et à déposer sa pipe.

Alibaud a conservé le pantalon de coutil blanc qu'il portait aux débats de la Cour des pairs. A défaut de bretelles, ce pantalon est serré autour de sa taille par une cravate noire. On jette sur son dos une chemise en forme de peignoir, et on lui enveloppe le visage d'un crêpe noir, large et épais; on retire les chaussettes qu'il portait, puis on coupe les sous-pieds attachés au pantalon, afin qu'il ait les pieds nus, conformément à l'arrêt de la Cour; néanmoins on lui laisse reprendre ses souliers. A quatre heures et demie, et au milieu d'un groupe de gardes municipaux, suivi de son fatal cortege, il se met en route, et d'un pas ferme traverse le parterre du jardin du Luxembourg et la longue allée de l'Observatoire, en manifestant à haute voix ses opinions républicaines. « Oui, dit-il, je meurs pour la république; je répète que je n'ai point de complices; je démens tout ce que le procureur-général a débité sur ma vie privée, mes habitudes et mes mœurs; je suis aussi pur que Brutus et Sand; comme eux j'ai voulu la liberté de mon pays ! »

A la grille de l'Observatoire, une voiture des prisons l'attend; il y monte avec rapidité, et part au grand trot, précédé et suivi d'une escorte de garde municipale.

Comme pour l'exécution de Fieschi, l'autorité avait d'avance déployé un appareil militaire inaccoutumé. Un triple mur de baïonnettes interceptait le passage dans toutes les rues aboutissant à la place où devait avoir lieu l'exécution.

A deux heures du matin, l'instrument de mort avait été dressé, tandis qu'un détachement de garde municipale protégeait les ouvriers et que des sergens de ville tenaient à distance les curieux.

A quatre heures, la force armée débouchant de diverses directions, est arrivée sur la place où se sont immédiatement formés trois cercles composés chacun d'un triple rang de soldats.

Plus de six mille hommes se trouvaient ainsi réunies sur cet étroit espace, tandis que toutes les rues environnantes étaient interceptées par des brigades de sergens de ville, et que les barrières d'Enfer, de la Glacière, et celles qui les avoisinent, demeuraient interdites à la circulation.

On se ferait difficilement une idée de la curiosité qu'avait excité cette exécution, et que les précautions mêmes prises pour la rendre en quelque sorte secrète, semblaient avoir augmenté. Toutes les fenêtres des maisons voisines, les toits, les arbres du boulevart offraient le spectacle d'une foule impatiente, les yeux fixés sur ce cercle de soldats, au milieu duquel se trouvait un vide où se dressait l'instrument du supplice. Des officiers de police, et quelques sergens de ville, restaient debout au pied de l'échafaud, près duquel étaient deux charrettes attelées chacune d'un cheval.

A cinq heures moins cinq minutes, une sorte d'agitation se manifeste ; on entend au loin le trot des chevaux ; tout annonce l'arrivée du fatal cortége : il débouche par le boulevart Saint-Jacques, à l'issue de la rue d'Enfer. Le cercle s'ouvre alors, et l'on y voit pénétrer huit gardes municipaux, qui précèdent un cabriolet où se trouvent M. Sajou, huissier de la cour des pairs, puis deux voitures de place pleines d'agens de l'autorité ; enfin, la sinistre voiture où sont Alibaud, l'abbé Grivel, l'exécuteur et un de ses aides, et qui s'arrête au pied de l'échafaud.

Alibaud descend alors de voiture : le voile noir lui cache complètement la figure ; on le place au pied de l'instrument du supplice, et M. Sajou lui donne lecture de l'arrêt qui va recevoir son exécution.

Pendant cette lecture, qui n'a pas duré moins de deux minutes, Alibaud ne manifeste aucun trouble : sa contenance est assurée, il se dresse et lève fièrement la tête, et lorsque l'huissier de la cour des pairs prononce cette dernière phrase : « Il sera immédiatement mis à mort, » il s'écrie d'une voix sonore : « Je meurs pour la liberté ! »

L'exécuteur alors arrache le voile noir qui couvre le visage du patient. Alibaud est pâle, mais ses traits ont conservé toute leur énergie ; l'exécuteur le fait tourner sur lui-même et le fixe sur la planche de mort, tandis qu'il s'écrie : « Je meurs pour la liberté !... pour le bien de l'humanité, pour l'extinction de l'infâme monarchie !..... »

Un sourd frémissement se fit entendre, c'est le bruit d'attente de la foule. Alibaud, bouclé sur la planche, rejette la tête en arrière par un dernier effort, crie encore d'une voix ferme en jetant son dernier regard sur la foule : « Adieu, mes braves ! adieu ! vive la liberté !

A cinq heures cinq minutes, tout était terminé, l cadavre, escorté d'un détachement de cuirassiers et de gardes municipaux, se dirigeait vers le cimetière, où déjà le commissaire de police Prunier Quatremère et une brigade de sergens de ville l'attendaient. Déjà le corps était hors du panier, et on allait le livrer à la terre, lorsque le fossoyeur, prenant la tête par les cheveux, la montre en disant : « Vous le voyez, c'est bien Alibaud. »

EXHUMATION.

Nous empruntons au journal le *Droit* du mercredi 13 juillet, les détails suivans :

L'exhumation de la dépouille mortelle d'Alibaud a donné lieu, ce matin, à la scène la plus déchirante du triste drame qui absorbe depuis huit jours l'attention publique.

Le corps du condamné avait été jeté dans la fosse destinée aux suppliciés; il était recouvert seulement d'un peu de terre.

M. Charles Ledru, auquel Alibaud avait confié, *avant son jugement*, le soin de veiller à sa sépulture, a présenté à cet effet une demande à M. le préfet de police. Après beaucoup de pourparlers et de difficultés de toute nature opposés à sa réclamation, M. Ledru obtint du ministre de l'intérieur l'exécution de la loi qui donne aux familles le droit de faire inhumer les restes des condamnés.

L'autorisation avait été accordée sous la condition expresse que la famille seule assisterait, avec M. Ledru, à l'inhumation, et que cette cérémonie aurait lieu immédiatement à l'heure de l'ouverture du cimetière.

En effet, à cinq heures précises, M. le commissaire de police Prunier-Quatremère se trouvait à la porte du cimetière, ainsi que M. Ledru et les sieur et dame Léger, cousins germain d'Alibaud. M. Ledru n'était accompagné que d'un de ses amis, à qui il ne fut pas permis d'assister à ce triste spectacle.

Mais il paraît que l'autorité s'était attendue à un concours considérable de spectateurs, car l'officier de paix Roussel occupait, *avec toute sa brigade* (en bourgeois), les divers portions de terrain qui avoisinent la porte du cimetière.

Au moment où elle s'ouvrit, la brigade se divisa; les uns se postèrent à la porte de communication, entre le cimetière du Mont-Parnasse et le cimetière des hospices, où se trouvaient les restes d'Alibaud; les autres étaient rangés autour de la fosse, avec ordre d'en interdire l'approche à qui que ce fût.

Les fossoyeurs retirèrent alors le tronc, et après l'avoir dépouillé des vêtemens qui le couvraient, ils l'enveloppèrent dans un linceul. Ces vêtemens se composaient d'une chemise et d'un pantalon de fil écru : le pantalon était attaché avec une cravate noire.

La tête n'avait pas été placée dans la fosse où gisait le corps ; le nommé Lelièvre, concierge, l'avait reçue en dépôt de M. Prunier-Quatremère.

Elle fut placée dans le cercueil, et c'est alors que M. le commissaire fit approcher M. et Mme Léger ainsi que M. Ledru pour reconnaître ces restes inanimés.

La parente d'Alibaud ne l'avait pas vu à Paris. Il avait craint que l'exécution de son fatal projet ne compromît cette femme respectable, dont le père était fière du sien.

A la vue de ce cadavre l'infortunée fit entendre des sanglots..., « Pauvre enfant! s'écriait-elle, il est à peine changé : je le reconnais... Oh! oui ; c'est bien lui... C'est moi qui l'ai élevé... Il était si bon! Dieu! quel malheur! »

En effet, la figure d'Alibaud était à peine altérée. Sa longue chevelure, rejetée en arrière, laissait son front à découvert ; les yeux, quoique ternes , paraissaient encore regarder autour d'eux, la hache avait respecté la barbe touffue qui entourait son menton... Le serrement des lèvres donnait à cette belle physionomie, habituellement douce et bienveillante, un air de fierté imposant. Si les yeux avaient été fermés, on eût dit qu'Alibaud sommeillait après une secousse nerveuse qui eût contracté ses traits sans les défigurer.

M. Ledru demanda à M Prunier la permission de couper quelques touffes de cheveux pour les envoyer au père de la victime. M. Prunier y consentit ; mais en accédant à ce religieux desir, il pria, de son côté, M. Ledru de laisser dans la fosse les vêtemens, qui auraient pu devenir une occasion de scandale. M. Ledru déclara qu'il lui suffisait que ces vêtemens ensanglantés fussent placés dans le cercueil , et il n'emporta que la cravate noire. C'était celle qui entourait le col d'Alibaud à l'audience.

Après la fermeture du cercueil, les porteurs se mirent en marche pour le cimetière du Mont-Parnasse. Quelques sergens de ville marchaient en avant : plusieurs étaient placés de chaque côté. M. Ledru suivait immédiatement, M. et Mme Léger venaient ensuite près de M. Prunier, qui , dans l'accomplissement de ses tristes devoirs, sut conserver les égards commandés par de trop légitimes douleurs.

La bière fut déposée dans la fosse qui lui était destinée , et recouverte de terre dans un morne silence.

Procès-verbal de l'exhumation a été dressé ensuite par M. le commissaire de police et signé de M. et Mme Leger, de M. Ch. Ledru, avocat, et de Lelièvre, gardien du cimetière des hospices, qui avait reçu provisoirement ce funèbre dépôt.

FIN.

www.ingramcontent.com/pod-product-compliance
Ingram Content Group UK Ltd.
Pitfield, Milton Keynes, MK11 3LW, UK
UKHW022228120726
13694UKWH00002B/748